2010 年教育部人文社会科学研究一般项目（编号：10YJA790230）

The Level of Human Capital and
Occupational Mobility of Rural Youth in
Western China

人力资本水平与
西部农村青年的职业流动

殷红霞　郑毅敏　著

中国社会科学出版社

图书在版编目（CIP）数据

人力资本水平与西部农村青年的职业流动/殷红霞，
郑毅敏著.—北京：中国社会科学出版社，2017.12
ISBN 978 - 7 - 5203 - 1127 - 4

Ⅰ.①人…　Ⅱ.①殷…②郑…　Ⅲ.①农村—青年—
劳动就业—研究—西北地区②农村—青年—劳动就业—
研究—西南地区　Ⅳ.①F249.27

中国版本图书馆 CIP 数据核字（2017）第 244758 号

出 版 人	赵剑英
责任编辑	刘晓红
责任校对	韩天炜
责任印制	戴　宽

出　　版	中国社会科学出版社
社　　址	北京鼓楼西大街甲 158 号
邮　　编	100720
网　　址	http：//www.csspw.cn
发 行 部	010 - 84083685
门 市 部	010 - 84029450
经　　销	新华书店及其他书店

印　　刷	北京明恒达印务有限公司
装　　订	廊坊市广阳区广增装订厂
版　　次	2017 年 12 月第 1 版
印　　次	2017 年 12 月第 1 次印刷

开　　本	710×1000 1/16
印　　张	11.25
插　　页	2
字　　数	161 千字
定　　价	48.00 元

前　　言

　　青年就业率低的问题是一个世界性难题，也是中国社会一直面临的主要问题。随着中国经济形势的变化，就业问题的研究热点由城市（待业）青年转移到农民工，由城市下岗工人转移到大学生，但农村青年的就业问题并没有成为研究重点。现实生活中，受制于较低的文化程度和人力资本水平，大多数农村青年长期滞留于较低层次的劳动力市场。作者期望通过本书的写作和出版有助于消除农村青年就业中的障碍，扩大他们的受教育机会，拓展其就业领域和就业空间。

　　本书选取西部农村青年这一主流群体为研究对象，以恢复高考制度初期的老一代农村青年（1945—1960 年出生）职业流动为参照，分析新旧两个时期农村青年的人力资本水平及其职业流动率的相关性，探究提高他们人力资本水平、拓展其就业领域和就业空间的有效路径。

　　本书基本内容从三个方面展开：

　　第一部分，教育机会篇。教育是人力资本形成的主要途径，教育机会分配与获得直接关系着青年的人力资本水平。本部分主要考察高考制度恢复（1970's）、高校扩招（1990's）等制度改革对西部农村青年教育机会获得的影响，发现：从教育机会供给看，高考招生制度、教育投资制度改革增加了高等教育的获得机会；从教育机会获得结果看，农村青年对优质高等教育资源的获得机会下降，有向高职高专等较低教育层次聚集的倾向，这突出表现在"985""211"高校里农村学生的数量占全校学生的比例上。城乡教育机会差异的表面原因是城乡教育质量差异，其实质是城乡教育资源差异，尤其是教育的软资源差异。政府大量的经费投资，改变了西部农村教育的物质条件，但是师资等软件在短时间内很难提高。西部农村教育师资力量薄弱是地理位置、地方经济、制度变迁等多种因素形成的。此部分为下篇西部农村青年人力资本水平分布及变化特征提供研究基础。

第二部分，人力资本篇。详细说明西部农村青年的人力资本分布特征，发现相比20世纪80年代，西部农村青年的人力资本总体水平显著上升、性别差异明显缩小，但城乡差距依然很大，西部农村地区仍然是人力资本的"弱势地区"。从省际教育基尼系数的分析结果也发现，经济越发达的省份教育机会分配越平等，人力资本水平越高。而经济欠发达的省份情况则相反，教育机会分布差异越大，人力资本水平越低。要改变这种趋势，关键在于改善经济欠发达地区的教育状况，促进教育机会的公平分配，从而提高地区整体的人力资本水平。

第三部分，就业与职业流动篇。运用就业与职业流动理论分析不同教育投资和招生制度下，人力资本水平对农村青年职业流动的渠道、方向、形式和职业选择能力的影响，分析知识型人力资本和经验型人力资本在代内和代际职业流动中的不同作用，重点对比新老两代农村青年（1945—1960年出生、1980—1990年出生）的职业选择、职业变动等特征，发现：①西部农村青年的职业经验很难积累成经验型人力资本。因为他们的职业轨迹说明，后一个工作与前一个工作之间关联性很小，"干中学"的人力资本形成方式难以实现。②西部农村青年的职业上升普遍受到人力资本水平约束。从离开中学校门，绝大多数农村青年的人力资本水平就基本"定型"，很少有再学习或职业培训的机会。人力资本方面的"先天不足"，加上工作经验积累机会的缺失，西部农村青年在就业过程中，常常处于劣势地位，不仅长期滞留于较低劳动力市场，而且时常面临失业的威胁。③教育分流与职业分层之间存在着明显的联系。在职业流动过程中，表面上似乎是人力资本约束着个人的职业和收入地位的提升。但是，进一步研究发现，一次次的升学考试，就是一次次的教育分流过程。西部农村青年的教育机会获得与其人力资本以及后来的职业地位直接相关，因此，提高基础教育的机会分配质量，是增加西部农村青年职业流动能力和上升概率的根本途径。

本书对新一代农村青年就业问题的研究，突破了传统的地域视角，用职业流动代替了以往的人口和劳动力流动，并采用追根溯源式的逻辑路线探寻西部农村青年职业流动的主要障碍，其中关于"教育机会分配、人力资本和职业流动的内在制约和互动机理"有一定的理论价值。通过回顾历史，审视我国 20 世纪 80 年代教育制度对基础教育和人力资本水平的影响；从培训机会分配和效果，审视现有的农民培训制度，从根本上解决经济落后地区农村青年人力资本匮乏问题。通过积极思考，探寻经济落后地区农村青年职业流动的困难及应对措施，为政府加强青年教育与培训，促进就业和职业流动相关政策的实施提供了理论依据。最终通过增加受教育机会，提高其人力资本存量，进而提升西部青年的职业流动能力和职业层次，实现公平合理的社会流动。

本书可能的创新有三个方面：

（1）用教育机会的"给予"与"获得"全面考察和评价农村教育机会分配。

在考察教育机会分配状况时，政府是教育机会的"给予者"，政府教育制度的变化会影响教育机会分配的结果；青年学生是教育机会的"获得者"，教育机会在不同群体中的比率分布不仅能直接体现该群体前期的教育质量，而且还能检验教育机会分配制度的合理性与公平性。本书从教育机会分配制度和获得结果两方面考察西部农村的教育机会分配变化及其趋势，作为评价教育机会分配制度公平性的现实依据。

（2）用教育机会的"得"与"失"说明教育分流所导致的农村人力资本差异。

高等教育机会虽说直接决定着受教育者的就业层次和上升空间，但是高等教育机会的获得不是一蹴而就的，而是由每一个基础教育阶段的质量和机会获得累积出来的结果。各级教育就像链条一样，环环相扣，因果相连，直达就业前的教育阶段。在教育链条中，离就业越近的环节，对职业影响越大。

每一个阶段的教育机会选择，其实都是一次教育分流过程。在这个过程中，能否占有优质教育资源，决定着一个人能否最终拿到通向高层次职业位置的入场券。本书将高考升学率作为主要研究指标，一方面，考察西部农村青年对优质高等教育机会的获取情况，另一方面，推算高考分流之后直接进入劳动力市场的西部农村青年人数及比例。教育机会的"得"与"失"，差不多就规划出了每个人不同的生命轨迹。

（3）从农村教育资源变化的"历史"和"现实"思考西部农村青年的职业出路。

城乡基础教育资源差异已经是不争的事实。为了均衡城乡基础教育资源，政府加大了对西部农村的教育投资力度，城乡教育经费投入差距日渐缩小。然而，城乡教育质量差距依然存在，甚至在某些地区越来越大。为了寻找"投资加大，而教育差距依然在扩大"这一问题的症结，本书从城乡教育资源形成的"历史"与"现实"考察，认为政府教育投资政策的重点应该有所转变，由注重投资数量转向注重投资质量。在西部城乡基础教育硬资源差距日益缩小的今天，应将对"人"即教师的投资作为重点。只有这样才能消除教育领域的城乡差异，实现教育公平，也才能帮助农村青年获得职业流动的真正资本。

本书主要读者对象为农民工就业问题研究的机构与学者、各级政府的教育部门、人力资源和社会保障部门以及农村教育工作者。在经济新常态的战略调整过程中，劳动力市场需求结构发生了较大变化，教育和培训机会的增加无疑是提高新生代农民工职业流动能力的根本途径，是实现城镇化、工业化的重要基础。此书在一定程度上满足了各级政府及研究机构的需求。

目　录

第一章 绪论

改革开放以来，农村人口经历了由零星到规模化、由无序到有序、由自由发展到有组织的流动过程。一代代的农村青年怀揣着改变个人和家庭命运的美好梦想，满怀希望地奔向城市及沿海发达地区。然而，很多人不得不在就业、离职、择业，再就业、再离职、再择业的反复中，一次又一次地体验着无一技之长的苦楚，暗自羡慕进入大学或者当上白领的同伴，甚至希望时光倒流，再给他们一次求学的机会……随着工业化、城镇化进程的加快，向城市和经济发达地区流动已成为当今农村青年就业的首要选择。

职业流动是劳动力资源不断优化和配置的过程。农村青年的职业流动，也是其现有资源和潜在资源（或能力）的优化和配置过程。首先，职业流动增加了西部农村青年的收入，也改变了他们及其家庭的收入来源和结构。据调查，在西部农村，有90%以上的青年毕业以后选择外出打工，留在农村务农的人数不到10%；家庭总收入中，工资性收入占60%以上。职业流动对劳动收入的影响日益受到西部农村青年的重视，并逐渐演变成他们打工生涯的常态。其次，职业流动提升了西部农村青年的综合能力。职业流动是对个人现有资源和潜在资源（或能力）的综合开发过程，有些人在长期的打工生涯中，在一次次的职业转换过程中，不断发现和挖掘着自我的潜能，逐渐找到了适合自己的职业。

西部农村经济比较落后，乡镇经济发展缓慢，农村青年的就业出路基本只有一条，那就是外出打工。他们中的有些人经过多次尝试和自我经验的长期积累，逐渐改变了个人命运，提升了个人职业地位，实现了自我价值。但是，他们中的绝大多数人却不得不长期滞留于较低的职业等级，个人职业地位并没有得到显著提升。那么，西部农村青年在长期职业流动过程中，面临着哪些困难和阻力？有什么样的愿望和诉求？本书立足西部农村青年的角度，思考和探索上述问题及其成因，不仅对西部农村青年，也对其他落后地区青年的就业和职业流动有促进作用。

第一节　研究背景和意义

一　研究背景

（一）经济结构调整增加了农村劳动力的流动性

根据二元经济结构理论，一方面，在传统农业部门中，存在大量的过剩劳动人口（即边际劳动生产率为零的"零值劳动力"）；另一方面，在城市现代工业体系中的各工业部门，生产规模的扩大和生产速度的提高超过了城市人口的增长，即工业部门的劳动边际生产率高于农业部门的劳动边际生产率，工资水平也略高于农业部门。在这种情况下，城市工业部门就会从农业部门吸收农业剩余劳动力，农村人口也必然由农村向城市和非农产业转移。这是欧美发达国家和许多发展中国家共同经历的过程。改革开放以来，我国确立了以经济建设为中心的发展战略，工业化进程明显加快，经济结构也发生了相应的变化（见图 1 - 1），第一产业产值比重下降，第三产业产值比重上升。

经济结构的变化必然引发就业结构的相应变化。以制造业、建筑业为主的第二产业持续增长，以服务业为主的第三产业快速上升，客观上需要大量的劳动力。在城市劳动力供给有限的情况下，农村剩余劳动力势必不可阻挡地流入城市。事实上，在经济建设过程中，我国农村人口一直以一种有序或无序的形式向城市和非农产业流动。改革开放前，农村人口流入城市的主要渠道是当兵、招工或者升学，这是一种有组织、有计划的人口流动；改革开放后，农村人口进入城市的渠道除了以上三种之外，主要是进城打工。这种流动开始是自发的、无组织的、盲目的小规模流动。然而，自 20 世纪 90 年代以来，农村人口的流动规模逐渐增大，2000 年以后以平均每年7%的速度增长，2014 年底达到 2.735 亿人[①]，农村人口从无序到有序、从小规模到大规模、从兼业到专职，持续不断地向城市和非农产业流动。

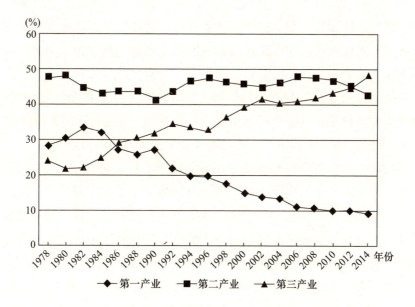

图 1-1　1978—2014 年三大产业产值比重变化

　　总体观察，虽然农村劳动力向城市流动的时间长，规模大，但是普遍存在就业层次低，工作不稳定，收入和劳动保障水平低，难以得到城市的认同等问题，尤其是新生代农民工（20 世纪 80 年代以后出生的农村青年），在竞争激烈的劳动力市场，想在职场站稳脚跟并有一定的发展，依然存在许多困难。如何破解农村青年"流动规模大、层次低、就业时间长、收入低"的困境，提高其就业地位和收入水平，不仅关系到农村青年的个人前途，也关系到农村社会的和谐发展。

_____

　　① 段成荣、吕利丹、王宗萍：《城市化背景下农村留守儿童的家庭教育与学校教育》，《北京大学教育评论》2014 年第 3 期；《2014 年农民工监测报告》，http://www.stats.gov.cn。

（二）社会分层分化催生农村青年职业向上流动的意愿

社会转型是一个由传统到现代、由农业到工业再到信息网络时代的变迁和发展过程。如果这一过程不能顺利实现，将会生成一个断裂的社会[1]。这种社会结构的变化往往在农民工这类群体上会更加凸显，通过个体知识、职业技能、社会资本、自我修养、职业生涯以及自我认知加以表现。随着工业化、城镇化进程的不断加快，制度性和非制度性因素所导致的西部城乡差距大、社会分层分化现象显著、底层群体的流动性低等社会问题纷繁交织，影响着社会的稳定与和谐，也催生着农村较低社会阶层的青年打破樊篱，向上流动的强烈愿望。

（三）人力资本水平日益决定着青年职业流动的能力和方向

农村青年在初次进入劳动力市场之后，大多从事体力劳动，这种工作对就业者的技术要求相对较低。农村初中或高中毕业进入城市的青年，初次就业往往是通过血缘、地缘关系实现的，而且多数位于次级劳动力市场，原来以亲缘关系为主的社会资本并不能帮助他实现职业地位提升的愿望。职业地位的提升，还是要靠自身的努力。在信息化、电子化时代，劳动力市场对劳动者的基本素质要求已经普遍提高，"懂外语、会电脑"几乎成为许多行业录用员工的基本标准。以服务行业为例，20世纪80年代的录用标准是"吃苦＋耐劳"，对文化程度没有太多要求；而现在的录用标准则是"计算机＋外语＋高中以上文化程度"。纵观各行业新员工录用标准，其总体趋势是强化了教育的市场信号功能，提高了行业准入标准。

然而长期以来，西部农村的教育质量普遍较低，突出表现在英语、信息技术等方面远远落后于城市。这种教育差距，在西部农村青年进入劳动力市场以后，就会以人力资本的存量状态显现出来，使他们的择业空间变得狭小，而且可能会失去很多职业流动机会。因此，对西部农村青年来说，能不能满足劳动力市场对人力资本的新要求，不仅决定着他们职业流动的能力及方向，也可能关系到他们将来有没有工作、会不会被淘汰。

（四）西部农村青年的职业期望和就业现实存在矛盾

目前，"80后""90后"青年（也称新生代农民工）已经成为外出打工的主体。他们从小就接纳各类信息，信息的应用能力很强，能利用现代技术搜集就业信息并获取职位。多元化的信息交汇在他们身上，使他们表现出与父辈不同的职业诉求。他们不仅看重收入，还考虑工作条件、劳动保障甚至职业声望，更希望通过打工融入城市，从而改变自己非农非工的尴尬身份。他们的就业视野不再局限于传统的建筑行业，而是扩大到餐饮、维修、家政等服务行业。然而，在现实情况下，与高就业期望相对的却是西部农村青年的低人力资本水平。

教育是人力资本形成的基本途径，学生时代是人力资本形成的最重要时期。"80后"青年求学阶段正好处于我国教育制度的改革时期。20世纪90年代的分税制改革改变了农村教育的投资主体，也改变了农村教育的基础。"村办小学、乡办初中、县办高中"的投资主体划分，将基础教育的投资责任推到最基层的县、乡、村一级。西部属于经济落后地区，地方财政能力非常有限。在分税制改革以后，西部农村的教育投资长期处于较低水平，由于各区、县经济实力有限，教育投资能力不足，拖欠教师工资的现象时有发生（见表1-1）。

表1-1　　　　　　　西部地区部分省份拖欠教师工资情况

省份	拖欠金额
内蒙古	2002年3月底全区累计拖欠17.62亿元，其中当年1—3月新欠1.79亿元
广西	部分县累计拖欠8.5亿元，其中国标工资6.66亿元
陕西	2000年底累计拖欠8.53亿元，2003年11月增加到9.2亿元，7.7万名农村教师人均被拖欠3300元
甘肃	至2001年累计拖欠13.8亿元
四川	至2001年累计拖欠4.68亿元

资料来源：教育部教育督导团办公室（http://www.moe.gov.cn）；《南方都市报》2000年11月16日；《中国教育报》2001年3月16日；《中国青年报》2001年12月5日，2002年3月4日；新华社2002年8月7日，2003年12月9日；马长冰：《中小学教育三思》，中国基础教育网，2003年1月10日。

同时，由于家庭也分担了一部分教育费用，贫困家庭的孩子辍学率较高（见表1-2）。在这种情况下，西部农村优秀教师流失率加大，教育资源匮乏，教育质量逐渐下滑。

由于缺乏必要的文化知识和专业技能，当代西部农村青年的求职生涯往往非常艰难，职业愿望和现实之间存在着较大反差。他们奔波于一个又一个城市，辗转于一个又一个行业，频繁地更换工作，离职率高成为新生代农民工的一个显著特征。对个人而言，由于离职率较高，很难积累职业技能和经验，因而收入总是停留在初次入职水平；对企业而言，较高的离职率意味着员工队伍不稳定，企业长期处于培养新员工的状态，不但增加了企业对员工的培养成本，而且降低了生产效率；对社会而言，西部农村青年长期滞留在较低的职业层次，收入提升困难，长期下去会影响这一代人甚至上下两代人的生存状态，最终家庭的贫困与发展问题就可能演化成社会的贫困问题，社会阶层的分化和固化会影响到社会的流动性和公平性。

表1-2 　　　　　　　六个调查样本县初中阶段的辍学率① 　　　　　　单位:%

调查样本县	平均辍学率	县城初中辍学率	乡镇初中辍学率
东南 A 县	3.78	0	4.24
东北 B 县	54.05	9.61	60.82
东北 C 县	28.06	0.97	29.99
华北 D 县	3.66	0	3.99
西南 E 县	35.55	12.41	39.54
西南 F 县	20.97	3.14	22.16

二　研究意义

(一) 促进西部农村青年职业的向上流动

当代西部农村青年对农业生产方式并没有足够的认识，也难以在城市获得较体面的工作。很多人宁愿长期在城市次级劳动市场频繁地转换工作，也不愿从事农业体力劳动，这种低水平的职业流动是不利

---

① 袁桂林、洪俊、李伯玲、秦玉友：《农村初中辍学现状调查及控制辍学对策思考》，《中国教育学刊》2004 年第 2 期。

于人力资本积累的。只有增加西部农村青年人力资本的积累机会，提高其人力资本存量，才能帮助其实现职业的合理流动，以此来迎接后工业社会对劳动力的要求和挑战。

（二）重新审视西部农村青年人力资本的投资方式

教育和培训是人力资本的主要形成途径。回顾历史，"80后"接受教育的时期，正是农村基础教育质量下滑的时期，学校教育效果不理想；后来曾推出针对农民工的职业培训，但因为培训机会缺乏，培训内容过度强调理论基础、"不接地气"而没有达到预期的效果。因此，从教育投资制度角度反思西部农村"80后""90后"的人力资本形成过程，从培训机会分配和培训效果上审视现有的农民培训制度，能从根本上解决经济落后地区农村青年人力资本匮乏问题。

（三）为政府部门制定相关政策提供理论依据

通过对西部农村青年职业流动问题的研究，积极探寻促进经济落后地区农村青年职业流动的应对措施，为政府制定、推进社会公平流动的相关政策提供理论和现实依据。

（四）增加西部农村青年的受教育机会

"知识改变命运"是中国人对教育的社会价值的经验描述；"教育是社会流动的动力机制"（Z. Deng and D. J. Treinan，1997）[2]，是中外学者经过严谨推理之后得出的共同结论。虽然得出结论的方法不同，但其寓意是相同的，那就是：教育能消除贫困，帮助贫困者实现个人目标，促进较低社会阶层向上流动。

从教育角度对人力资本和职业流动问题进行研究，有助于西部农村青年人力资本水平的形成和积累。主要通过以下四个方面实现：

1. 增加教育和培训机会

教育的社会功能正常发挥的前提是教育机会均等，这是教育公平的基本要求。然而，在教育投资制度和招生制度的改革阶段，教育机会的获得抑或失去不仅会影响一个人的就业能力和个人发展，甚至会影响他的父母、子女等几代人的生活水平和质量。因此，教育机会分配制度应该设计更多的补偿性政策，以增加贫困地区和农村青年的受教育机会。

2. 促进西部教育资源的合理配置

20 世纪 70 年代末，中国恢复了高考制度，此后高等教育机会分配逐渐向普通青年倾斜，接下来的一系列改革，有力地推动了教育机会的大众化。随着教育大众化的到来，城乡教育资源、乡镇教育资源不均衡问题日渐突出，人们对教育资源的需求已经由数量上升到质量，优质教育资源成为人们追逐的新目标，从高等教育的"高考移民""异地高考"，到中小学的"择校热""校中校""名校办民校"等现象，都从不同角度反映了教育资源分布的不均衡性。从知识经济时代劳动力市场对农民工的基本素质要求看，人力资本水平是决定农村劳动力流动方向的主要因素。而西部农村青年的人力资本水平普遍较低，又缺乏向教育和培训投资的能力，因而无论是就业还是职业转换都受到人力资本因素的制约。本书对西部地区农村青年人力资本水平及其制约因素的全景式分析，能促进西部农村教育资源的优化配置，为解除西部农村青年的就业困境提供现实依据。

3. 提高西部农村青年的职业提升能力

职业提升能力主要包括职业规划能力、职业选择能力、职业胜任能力和职业创造能力。具有较高人力资本水平的劳动者，初入职场时，往往表现出较强的职业适应能力和职业提升能力。他们往往能根据自己的专业知识和技能，准确定位，合理规划自己的职业生涯，并搜集和筛选信息，选择发展空间大的职业和岗位。随着实践经验（人力资本的另一种形式）的积累，这类人的职业胜任能力逐渐增强，表现为劳动效率提高，工作创造力增强，个人的职业地位和就业能力显著提高。

西部农村青年的平均受教育年限比城市同龄人少 3—4 年。人力资本短缺致使他们的职业理想难以实现，长期徘徊在理想与现实之间。如果这些人有机会接受专业培训，掌握某一行业的一技之长，他们的工资也有可能随着行业经验的积累而上升。可惜这种培训机会太少，或者他们无法得到相关信息。本研究将从职业培训的角度对西部农村的职业培训情况进行调查，寻找增加西部农村职业培训的途径与机会，为提高西部农村青年的人力资本水平和就业能力提供现实参考。

4. 提高西部农村青年的全面发展能力

人的全面发展是马克思理论的基本原理之一。马克思从资本主义生产关系的现实出发，认为人的全面发展就是人的体力和智力的充分、自由、和谐发展，包括人的劳动活动的全面发展、人的社会关系的全面发展、人的需求和能力的全面发展、人的素质的全面发展和人的个性的全面发展。学术界对马克思的人的全面发展学说存在着多种解读。从心理学角度看，个人发展的需求是多层次的，包含从基本的生理需求到更高层次的自我实现需求，人的全面发展意味着满足各种需要的能力的发展；从哲学角度看，人的全面发展是人的自然属性的基本要求，是个人追求自由、理性和善良的过程；从教育学角度看，人的全面发展就是教育的全面发展，无论是学校教育还是职业培训，都应以善良意志、理性、自由及人的一切潜在能力的和谐发展为宗旨。在新型工业化、信息化、城镇化、农业现代化建设背景下，一方面，社会对劳动者的基本文化素质、专业技能的需求全面提高；另一方面，农村人口向非农产业的流动已经成为当今社会的典型特征，农村人口市民化、城镇化步伐在逐步加快，原来的生活方式、价值判断都有所改变，农村青年自我意识逐渐提高，自我价值实现的愿望逐渐增强，他们的就业目的已经不仅是为了满足改善生活质量和环境的低层次需要，更多的是为了满足身份认同、权利保障甚至个人理想等方面的精神需要。本书的旨在增加西部农村青年的受教育机会，提高他们的人力资本水平和就业能力，为他们更好地实现个人能力的全面发展提供有力支持。

第二节 研究思路和方法

一 研究思路

本书依照"教育机会分配—人力资本水平—职业地位获得—社会阶层流动"的思路，采用逆推法，分析影响和制约西部农村青年职业流动的环境、政策等深层次因素，以探索解除西部农村青年职业流动束缚的积极措施。

本书的基本假设是：人力资本水平是影响劳动者职业获得和职业流动的主要因素，而教育机会分配状况是影响个体人力资本水平的决定因素。在上述假设的基础上，首先，从教育招生制度演变的角度对比不同时期西部农村青年的教育机会获得情况，用以说明教育机会分配对人力资本形成的实际影响，为人力资本部分的研究奠定基础。其次，在实地调查的基础上，分析并论证西部农村青年人力资本形成和积累的内在机理，以及人力资本在其未来职业流动中所起的决定性作用。再次，通过职业流动特征综合论证教育机会、人力资本与西部农村青年社会经济地位之间的相互联系，进一步说明教育机会和人力资本水平是西部农村青年就业与职业流动的制约因素。最后，在整个研究的基础上积极思考，提出建议。

二　研究方法

（一）基本概念解释和界定

1. 教育机会分配的考察对象

教育机会，主要指进入各级、各类正规学校学习的机会。根据教育机会的定义，可以把研究对象分为小学、中学和高等教育三个阶段。从教育目的和内容看，包括小学和中学在内的基础教育着重培养劳动者的基本文化素质和综合素质；高等教育（指基础教育之外的专业教育，包括职业教育）主要是传授专业知识和技能的专业教育，目的是为劳动力市场培养各类专业人才。从就业与职业流动角度看，高等教育目标更接近于劳动力市场，是我们考察的重点。但是教育的连续性特征又决定了专业教育不是空中楼阁，高等教育的机会获得，会直接或间接地受到基础教育质量的影响。因此，小学、初中和高中阶段的机会分配也不容忽视。

需要说明的是，我国关于教育阶段的划分存在着理论与政策实践的不一致。理论界对教育有多种划分，国外通常将教育划分为初等教育（Primary Education）、中等教育（Secondary Education）和高等教育（High Education），我国的三阶段划分与国外的教育划分基本一致。

三阶段是指小学、中学和高等教育，这种划分适用于教育投资研究。另外，还有一种教育分类，比较适用于专业教育研究。这种划分将教育分为三类，即基础教育、职业教育和高等教育。在这里，基础教育包括小学、初中和高中阶段，同属专业教育的职业教育和高等教育因目标定位不同而被细化，职业教育偏重于专业技能，高等教育偏重于学术研究。此外，即将出台的高等教育改革又将全国现有的1200多所高校进行了重新定位，将其划分为应用技术型高校和学术研究型高校。而1986年《义务教育法》，尤其是2006年新的《义务教育法》实施之后，在教育投资政策实践中，又常常将基础教育划分为义务教育和非义务教育，各种统计口径也发生了相应变化，义务教育形成了一系列专门指标，与高中阶段分开。

这样，原来常用的教育阶段划分，就与政策实践出现了矛盾。比如，教育三阶段划分中，中学阶段包括初中和高中，而现行的统计指标将初中划归为义务教育阶段了；同样的道理，基础教育包含小学、初中和高中阶段，但是现行的义务教育指标不包含高中阶段，基础教育和义务教育指标不一致。这种不一致，给我们的研究带来了一定的困难，比如进行基础教育投资政策研究时，由于统计口径的变化，关于投资主体、投资比例等的研究数据出现了不连续的现象。

基于以上原因，从青年职业流动研究的需要出发，本书重点考察高等教育的机会分配与青年的机会获得，对基础教育的机会分布状况只做了支持性考察。

2. 西部农村青年范围的界定

为了分析代内职业流动和代际职业流动，本书特意将西部农村青年界定为：户籍在西部农村的、不同时期的，20—35岁的青年。研究中采用逆推法，推算研究对象的年龄范围。作为重要参照对象，老一代的出生时间界定为1945—1969年，之所以老一代年龄范围较宽泛，一是考虑到"40后""50后"家庭多子女的特征，二是高考客观上完成了农村青年人生的第一次分流，很多西部农村青年的命运由此改变。新一代主要研究对象是1980年以后出生的农村青年。在这一代人接受教育的时期，农村的基础教育投资制度、高等教育投资制度和招生就业制度都发生了很大变化，他们在升学、就业等人生的很多重要节点，都面临着激烈的竞争和艰难的选择。作为农民工市场的主力，"80后"农村青年备受关注，国内很多研究中称他们为"新生代农民工"。

在本书中，沿用国内对外出劳动力的惯用称谓，将在调查时点具有大专及以下文化程度的、跨县（区）域流动到城市务工的农村户口持有者称为农民工。其中新一代农民工是指1980年及以后出生的农民工，而在此之前出生的农民工被称为老一代农民工。

3. 职业流动的内涵界定

国内学术界对职业流动概念的界定范围不完全统一，大致可以分为狭义和广义两种。狭义的职业流动指在不同类型的工作组织之间、不同职业和行业之间的流动等，如：张晓慧（2002）[3]；Wu Xiao gang 和 Yu Xie（2003）[4]；刘林平、万向东等（2006）[5]；唐美玲（2007）[6]；邢春冰（2008）[7]；白南生、李靖（2008）[8]；李长安（2010）[9]；刘士杰（2011）[10]；吴愈晓（2011）[11]；马瑞、仇焕广等（2012）[12]；等等。王春光（2003）[13]认为，职业流动指寻找和变换工作的过程，而变换工作，就是工作单位变动或在同一单位内因职务、职称、行政级别等的变更而造成工作内容和工作性质的重大变化。广义的职业流动是人们依据自己的需求偏好自由选择的过程，是人力资源在不同区域、不同产业间流动、配置的结果（黄建新，2008）认为[14]，职业流动是劳动力流动和社会地位获得的重要表现形式，其对职业流动的范围界定宽于其他学者。

在众多对职业流动概念的解释中，李长安的界定最接近农村青年职业流动的特征。李长安（2010）[9]把农民工职业流动界定为农民工工作发生改变，也就是说，职业流动等同于工作转换。参照此定义，我们将职业流动界定为农村青年在就业期间的工作发生了改变，不仅包括行业间、地区间的变换，也包括同一工作职位的变动，每更换一次工作就是一次职业流动。

（二）样本选择方法

从研究需要和数据的获得性方面综合考虑，在研究中采用多种方法收集样本。对于教育机会分配情况，主要考察教育机会分配结果，也就是考察不同教育阶段学生的升学率；对于人力资本水平，主要考察已就业人群的受教育程度；对于职业流动状况，主要考察农村青年的职业流动和变换次数。

（三）研究方法

1. 实地调查与案例分析相结合

采取抽样调查和典型调查相结合的方式，在陕西省、甘肃省、四川省等8个省份进行实地调查，并先后两次在陕西省关中地区某村实地入户全面调查，对典型案例进行深入研究。

2. 归纳与演绎的抽象分析方法

用同一教育制度下西部农村同龄青年的人力资本水平，说明努力程度对个人社会经济地位的影响，用不同时期西部农村青年的人力资本水平，说明教育制度改革对教育机会获得的影响。

3. 定性分析与定量分析相结合

运用劳动经济学理论、教育经济学理论和社会阶层理论对西部农村青年职业流动的内在制约因素进行了定性研究，同时，对人力资本与职业流动进行了定量分析，为提升西部农村青年的人力资本水平提供现实依据。

第三节 研究内容与框架结构

一 研究内容

本书主体部分为三篇。第一篇，教育机会篇，主要分析教育机会分配制度变迁背景下西部农村青年的教育机会获得状况及其影响因素，为研究西部农村青年人力资本水平分布及变化特征提供研究基础。第二篇，人力资本篇，详细说明西部农村青年的人力资本分布特征，寻找人力资本的变化规律及其原因，对比分析教育制度变迁对西部农村青年人力资本水平的影响。第三篇，职业流动篇，运用就业与职业流动理论分析不同时期、不同教育投资和招生制度下人力资本水

平对农村青年职业流动的渠道、方向、形式和职业选择能力的影响，
分析知识型人力资本和经验型人力资本在代内和代际职业流动中的不
同作用，重点对比两代农村青年（1945—1960 年出生、1980—1990
年出生）的职业选择、职业变动等特征，说明人力资本在农村社会阶
层形成与流动过程中的作用。最后，总体说明"教育机会分配、人力
资本水平与西部农村青年职业流动"三者之间的内在关联机制，围绕
增加西部农村青年受教育机会、提高人力资本水平和职业流动能力提
出相关的政策建议。

二　框架结构

本书的框架结构如图 1 - 2 所示。

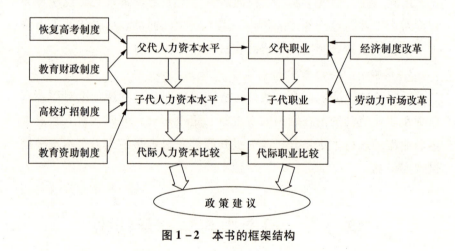

图 1 - 2　本书的框架结构

第四节　研究特色

**一　用教育机会的"给予"与"获得"全面考察和评价农村的
教育机会分配**

在考察教育机会分配状况时，将政府界定为教育机会的"给予
者"，政府教育制度的变化会影响教育机会分配的结果；与之相对，
将青年学生作为教育机会的"获得者"，教育机会在不同群体中的比

率分布，不仅能直接体现前期的教育质量，而且还能检验教育机会分配制度的合理性与公平性。本书从教育机会分配和获得结果两方面考察西部农村的教育机会分配变化及其趋势，并将其作为评价西部农村教育质量水平高低和教育机会分配制度公平性的现实依据。

二 用教育机会的"得"与"失"说明教育分流所导致的农村人力资本差异

每一个阶段的教育机会选择，其实都是一次教育分流过程。在这个过程中，能否占有优质教育资源，决定着一个人能否最终拿到通向高层职业位置的入场券。本书将高考升学率作为主要考察方向，一方面考察西部农村青年对优质高等教育机会的获取情况，另一方面推算高考分流之后直接进入劳动力市场的西部农村青年人数及比例。教育机会的"得"与"失"之间，差不多就规划出每个人不同的生命轨迹。

虽然高等教育机会直接决定着受教育者的就业层次和上升空间，但是高等教育机会的获得不是一蹴而就的，而是由每一个基础教育阶段的质量和机会获得累积出来的结果。各级教育就像链条一样，环环相扣，因果相连，直达就业前的教育阶段。在教育链条中，离就业越近的环节，对职业影响越大。

三 从农村教育资源变化的"历史"和"现实"思考西部农村青年的职业出路

城乡基础教育资源差异大已经是不争的事实。近年来，为了均衡城乡基础教育资源，政府加大了对西部农村的教育投资力度，城乡教育经费几乎没有差异，西部农村的教育经费甚至超过了城市。然而，城乡教育质量差距并没有呈现出缩小的迹象。为了寻找"投资加大，而教育差距依然在扩大"这一问题的症结，本书从城乡教育资源形成的"历史"与"现实"两方面进行考察，认为政府教育投资政策的重点应该有所转变，由注重投资数量转向注重投资质量。在西部城乡基础教育硬资源差距日益缩小的今天，应将对"人"即教师的投资作为重点。只有这样，才能从根本上消除教育领域的城乡差异，实现教育公平，也才能帮助农村青年获得职业流动的真正资本。

第二章　教育机会

第一节　教育机会分配的相关概念

一　机会与教育机会

（一）机会

"机会"一词本意是指具有时间性的有利情况，机会所表征的是社会主体获得某种社会资源或社会权利的概率或可能性。机会是一种稀缺资源，具有可分配性。机会是发展的起点，一个人拥有了机会，就意味着获得了发展的可能性。因此，机会又可以称为起点性资源或资本。

在公共领域，为了保证起点公平，机会分配的基本原则和社会诉求是一致的，那就是要求机会均等。

（二）教育机会

教育机会亦称"受教育机会"，广义的教育机会泛指任何教育阶段和任何教育类型的受教育机会，包括享有教育资源的机会以及在教育过程中得到平等对待的机会等；狭义的教育机会仅指进入各级、各类正规学校学习的机会，包括学前教育机会、初等教育机会、中等教育机会和高等教育机会。

教育机会表现为受教育者进入教育机构以及参与教育活动所需各种条件的概率或可能性。能否获得教育机会，能够获得什么样的教育资源，关系着受教育者未来的发展空间和职业地位。对于禀赋相当的受教育者而言，教育机会的迥异通常会导致他们之间发展结果的巨大差异，甚至导致社会的分层和分化。

二 教育机会分配与教育机会获得

（一）教育机会分配

教育机会分配是政府将教育机构提供的教育机会分配给受教育者的过程，表现为人们在获取教育机会时所遵守的特定规则。这一分配过程是自上而下的，强调教育机会分配的规则和过程。在西方发达国家，不同教育阶段的机会分配主体是不同的：义务教育阶段的机会分配是政府主导型的，强调教育机会的均等性，并以法律的形式确定下来。高等教育的机会分配权多数归学校所有，录用标准基本相似，以学生的综合素质为唯一依据。在我国，虽然某些高校开展了自主招生试点，学校有一定的高等教育机会分配权，但是各级的教育机会分配基本以政府为主导，对学生的录用标准基本以学习成绩为主。

（二）教育机会获得

教育机会获得指受教育者在不违背有关规定的情况下，运用一切可能的方法和途径去获得受教育机会的过程。这一获取过程是自下而上的，强调教育机会分配的结果。

（三）教育机会分配与教育机会获得的异同

教育机会分配和教育机会获得这两个概念在实际中容易混淆，因为二者的主体行为目标相同，目标对象都是教育机会，都以教育机会分配制度为考察对象，都要通过各级、各类教育机构来实现。

实际上，教育机会分配和教育机会获得是"给"与"得"两个方面的问题，教育机会分配强调教育机会的"给予"原则，教育机会获得强调教育机会分配的结果和实效。具体而言，主要有以下区别。

首先是行为主体不同。教育机会分配的行为主体是以政府为代表的国家机构，政府作为国家教育机会的掌控者，支配着教育机会在数量上和质量上的分配，对教育机会分配起决定性作用。而教育机会获得的行为主体是家庭、个人等个体组织。家庭、个人等个体作为教育机会的获得者，只能在一定范围内争取或接受相应的受教育机会。

其次是行为目标不同。教育机会分配是以全局为出发点，从宏观角度研究教育机会分配规则，追求的是社会公平原则。教育机会获得是从微观角度研究公民获得教育机会的可能性和概率（包括教育机会获得的数量和质量），追求的是个体利益最大化原则。

三　教育公平和教育机会均等

（一）教育公平

"公平"作为一种价值范畴，反映了人们从某种特定的标准出发，在主观上对"应得"与"实得"是否相符的一种评价及其体验。教育公平，是指所有的学龄儿童（除了智力原因外）都有均等的权利接受一定年限的义务教育，凡有适当能力与意志的人皆有均等机会继续接受高等级的教育。教育公平是一个内涵丰富的概念，说明受教育者，不论其年龄、性别、种族和家庭背景如何，都有机会通过教育改变自身命运。判断一种教育是否公平的依据是"教育机会均等"与否。

如果一个人在各教育阶段都能获得均等的受教育机会，那么，他就有机会通过努力改变自己及家庭的经济和社会地位。相反，如果因为经济等非个人因素，使其失去了受教育机会，那么，他就有可能滞留于低收入阶层，家庭贫困将会通过代际传递效应延续至后代。

（二）教育机会均等

严格来讲，"教育机会均等"的规范表达应为"教育机会平等"，"均等"不同于"平等"，二者存在明显区别。前者指平均的、无差别的平等，后者则包含了有差异的平等。但国内学术界习惯将"受教育机会平等"称为"教育机会均等"，因此，为了与国内学术界习惯一致，本书中提到的"教育机会均等"一词，等同于"受教育机会平等"。

美国学者詹姆斯·科尔曼（James S. Coleman）认为"机会均等观念意味着机会的效益均等。换言之，均等寓于对学习起作用的基本因素之中"[①]。他认为教育机会均等包括如下四个方面的内涵：进入教育系统的机会均等；享受教育条件的机会均等；教育结果均等；教育对

[①]　詹姆斯·科尔曼：《教育机会均等的观念》，载《国外教育社会学基本文选》，华东师范大学出版社 1989 年版，第 187 页。

未来生活前景的影响机会均等。他强调教育机会分配的无差别性，主张每个社会成员，不论其种族、性别、信仰、经济地位、政治地位有何不同，在自然、社会和文化方面有何不利条件，均可实现教育的起点均等、过程均等、结果均等。这种教育公平思想得到了国内外学者的普遍认同（顾明远，2002[15]；翁文艳，2000[16]）。考虑到不同群体机会获得能力的差异，教育机会均等被分解为：①每个社会成员都享有同等的机会接受最基本的教育，即共同性的义务教育。②每个社会成员都享有同等的机会接受符合其发展能力的教育，即非共同性的教育，又称人才教育。③向身心有缺陷的儿童提供符合其能力特征的教育，即特殊教育。④每个社会成员都能够借助因教育而获取的能力平等地参与市场活动，从而实现自己的人生价值。

上述四个方面的解释，较全面地说明了教育机会均等制度设计的初衷，那就是力图消除教育对个人发展的不公平影响，致力于开发每个人的潜能，并为社会成员提供一种平等竞争的公正环境。

第二节　教育机会分配的研究基础

一　教育机会分配的文献综述

通过对现有文献和相关理论的梳理分类，可以将国内外关于教育机会分配的研究进展概括为以下几个方面：一是教育机会分配的原则；二是教育机会分配的主体；三是教育机会分配的影响因素；四是教育机会分配的公平性评价。

（一）教育机会分配的原则

教育作为一种公共资源，应该保证每个公民享有同等的受教育机会，这是教育机会分配的基本原则。当然，公平是相对的，绝对均等的机会分配制度也有可能导致事实上的不公平。试想一下，如果全国高考试卷出同样的题、录取分数线都一样，那么，偏远地区的青年获得高等教育的机会就会大大降低。同样道理，如果采用"一刀切"的方式，对所有考生采用同一录取标准，那么身体有残疾的青年就可能会失去上学的机会。因此，教育机会分配制度设计中的补偿思想和均等思想一样重要，都是实现社会公平的基本保证。罗伯特·贝尔勒（Robert Berne）与里安娜·斯蒂埃菲尔（Leanna Stiefel）在教育机会分配的一般性原则中，提出了"机会均等、财富中立、水平公平、垂直公平、最低充足性"①（Robert Berne，Leanna Stiefel，1978）五个方面，其中最低充足性体现了对弱势群体受教育权利的基本尊重。我国学者吴宏超认为，公平的教育机会分配原则有：强制性原则（义务教育阶段）、能力原则（学习能力）、成本分担原则（非义务教育阶段）和补偿性原则（对处境不利者提供机会或利益补偿）②。义务教育阶段应采取强制性原则与补偿性原则，非义务教育阶段应采取能力原则、成本分担原则和补偿性原则。可见，公平的教育机会分配制度设计的原则应该是有弹性的，一方面，应该体现尊重人权的均等原则，另一方面，应该体现对弱势者的补偿原则，做到"公平中有例外，例外中有原则"。只有这样，才能真正实现全社会的教育公平。

（二）教育机会分配的主体

要分清教育机会分配的主体，需要从理论上界定教育的产品属性，它关系到"教育"产品的投资、生产和分配问题。

根据产品属性理论，公共产品应由政府提供，私人产品应由市场提供，准公共产品应由政府和市场共同提供。由于不同经济学家对教育的理解有差异，所以形成了对教育产品属性的争议。例如，伦敦经济学院的巴尔教授认为"教育不是公共物品"；巴罗教授则认为，教育可以引发形式多样化的外部收益，包括生产收益和文化收益，因而是一个纯粹的公共物品。

经过长期争论，理论界对教育的产品属性达成的共识包括：初等教育（Primary Education）是教育的起始阶段，是公民摆脱愚昧、走向文明而必须接受的教育，属于纯公共产品；中等教育（Secondary

---

① Berne R.，Stiefel L.，"A Methodological Assessment of Education Equality and Wealth Neutrality Measures. Paper No. 17. A Report to the School Finance Cooperative"，*Comparative Analysis*，1978：404.

② 吴宏超：《我国目前的教育机会分配与教育公平》，《教育与经济》2003 年第 3 期。

Education）和高等教育（High Education）属于准公共产品。2002 年
世界银行在《发展中国家的高等教育：危机与出路》的研究报告中进
一步强调了教育的公共产品属性。世界银行专家在报告中指出，"由
高等院校创造的知识的质量以及这些知识对经济的广泛应用性，使国
家的竞争力变得日益重要"，"高等教育无论是对国家还是对个体都具
有新的重要意义：国家的贫富比人类历史上任何一个时期都要取决于
高等教育的质量"①。

　　由于公共产品的生产和分配可以分离，既可以由政府生产并分
配，也可以由私人（市场）生产，政府购买并分配，因此，弗里德曼
主张由私人（市场）生产教育，而政府来购买（M. Friedman,
1953）[17]。安东尼·吉登斯（2000）[18]认为在教育机会分配中应鼓励
第三部门（如中介组织、基金会、非政府组织、公民组织等）生产或
购买教育服务，以弥补政府与市场在分配教育机会中的失灵。

　　在我国教育领域，政府是各级教育的主要投资者，也是教育机会
分配的标准制定者、供给者以及资助和补偿者，处于教育机会分配的
主导和主体地位。从 1977 年恢复高考制度到 1999 年高校扩招，从有
偿义务教育到免费义务教育，从民间助学到国家助学贷款制度的完
善，从高校毕业生计划分配到双向选择再到自主择业，30 多年的教育
文化大革命历史说明，教育制度的任何变化，都会直接或间接地影响
教育机会分配的结果。

　　（三）教育机会分配的影响因素

　　关于教育机会分配（结果）的影响因素，国内外研究成果非常丰
富，有从家庭背景和个人等微观角度进行的研究，也有从社会结构、
制度等宏观角度进行的研究，更多的是对个人、家庭、社会三方面的
综合研究。综合起来，基本涉及以下四个方面的问题。

　　1. 个人因素与教育机会获得

　　影响教育机会获得的个人因素很多，比如个人性格、努力程度、

---

① 蒋凯：《从"奢侈品"到"生存的必需"——世界银行关于发展中国家高等教育的
新观点》，《全球教育展望》2002 年第 6 期。

性别等。由于个人天赋、性格、努力程度等心理因素稳定性较差，难以量化，因而相关研究成果较少。事实上，个人的学习成绩与教育机会获得密切相关，而学习成绩又与学生个人的教育机会期待相关；除此之外，是否是学生干部和共青团员、朋友的学习成绩、自己的升学志愿等都会影响教育机会期待，进而影响学生个人最终的教育机会获得（刘崇顺、C. M. 布劳戴德，1995）[19]。需要说明的是，尽管个人因素在实际分析中难以量化，相关研究成果较少，但这并不是说个人因素在教育机会获得中无足轻重，恰恰相反，性格、天赋、期望、努力程度等个人因素在教育机会获得中起着重要的主导作用。在同一教育环境下，学生成绩之所以有差异，就是因为个体努力程度的差异。因为个人是教育服务的接受者，是影响教育成绩的内因；而教育制度、家庭环境等因素只是影响教育成绩的外因。从哲学角度而言，最终的学业成绩是内因和外因共同作用的结果，其中，学生个人是内因，起主导作用。

在众多研究成果中，较多集中于性别等因素。郭剑雄、刘琦（2013）[20]基于 CGSS2008 数据分析发现，农村女孩的受教育程度与其兄弟姐妹多少呈负相关关系，较少的兄弟姐妹数意味着个体较长的受教育年数；随着生育率的下降，年轻一代农村女孩的受教育程度相对于年老一代显著提升；同时，在生育率下降过程中，女孩受教育年数的增长速度快于男孩，农村女孩和男孩之间的教育差距趋于缩小①。张兆曙、陈奇认为，扩招从整体上促进了高等教育机会的性别平等化，表现在以下两点：一是扩招为"次低文化层次"（父辈文化程度为初中）家庭的女性带来了更多的高等教育机会；二是新增高等教育机会改善了农村女性在教育机会获得中原有的劣势地位，缩小了其与男性之间的机会差距。扩招之后，高等教育机会的性别平等化正在从家庭文化程度较高的群体向家庭文化程度较低的群体、从非农村地区

① 郭剑雄、刘琦：《生育率下降与中国农村女孩教育的逆歧视性增长》，《思想战线》2013 年第 4 期。

向农村地区延伸①。

2. 家庭背景与教育机会获得

科尔曼通过对美国各地 4000 所学校 60 多万名学生的调查发现，黑人学生文化教育水平低，且与白人差距越来越大，不是由学校的物质水平和条件造成的，而是由家庭背景造成的。黑人和其他弱势少数民族后裔（如拉丁裔和印第安人）与白人中产阶级相比，缺乏一种改变和控制自己前途的自信，学习兴趣不大，学习成绩较差，因此，科尔曼认为，家庭的人力资本、经济资本和社会资本影响子女的教育机会获得②，拥有较高社会经济地位的家庭出身的人更容易获得优质教育资源。关于家庭背景对个人教育机会获得的影响，国内还有学者用权力资本、社会关系网络（边燕杰、张文宏，2001）[21] 代替政治资本和社会资本等因素进行研究。大量的研究结果认为，家庭的经济、社会、文化资源都深深影响着学生对教育机会的获得。

进一步的分析认为，家庭背景对各个教育阶段的影响程度是不同的。一种观点是生命历程假设（Life – course Hypothesis），该理论认为早期教育生涯更容易受到家庭背景的影响。学生年龄越小，在心理上、经济上对父母的依赖性越强，但是随着年岁的增长，他们开始能够自我决策，对家庭的依附性减弱，特别是当高等教育费用极大降低时，他们对家庭资源的依赖就更少了。按照生命历程假设的论述，小学教育和初中教育的普及将导致社会出身对升学的影响下降，由于大龄学生对家庭的依赖性降低，社会出身对他们进入高等教育的影响将维持在较低水平，同期群之间也较少有变化。这意味着，小学教育和中学教育的扩张不仅极大削弱了针对弱势阶层设置的障碍，也增强了同期群之间社会出身与教育机会的平等化。另一种观点是差异选拔假设（Differential Selected Hypothesis）。该理论发现，社会地位较低的阶层子代在早期教育阶段面临相当严格的选拔，他们中只有那些最聪明

---

① 张兆曙、陈奇：《高校扩招与高等教育机会的性别平等化》，《社会学研究》2013 年第 2 期。

② J. S. ，"Coleman，Social Capital in the Creation of Human Capital"，*American Jouranl of. Sociology*，1988. 94（1）：95 – 120.

的孩子才能够升入高一级学校。相对而言，中间阶层和较高阶层的子代升学就容易得多。由于对不同阶层的子代最初采用的选拔机制不同，在后来的升学过程中，决定教育成功的那些因素，如学术才能、学习动机，与社会经济背景的关系越来越弱，所以社会出身对教育成就的间接影响在才能和动机等机制的干预下开始下降或消失（张丽，2011）[22]。在教育扩张的背景下，如果同期群之间升学的比例逐渐增加，社会出身与升学的关联也会逐渐增强。这是因为在同期群之间，当所有社会群体中获得较高教育水平的人口均在增加时，各群体之间在那些未观察到的因素（如能力、抱负、动机）方面的差异将缩小，因而从社会出身方面观察到的选择效应就会增强。

3. 教育扩张与教育机会获得

20世纪中期以来，许多国家采取了高等教育扩张策略，同时在高校录取制度方面进行了一些改革，希望以此减少高等教育机会分配的不平等程度，提高整个社会的公平水平。然而，通过一系列的国际比较研究发现，在高等教育扩张期间，有些国家高等教育机会分配的平等化程度有所提高，但有些国家却没有出现这种情况，还有少数国家教育不平等程度反而有所上升。针对这些相互矛盾的研究结果，学者们提出了各种理论来解释教育扩张与教育机会平等之间的关系。

（1）最大化维持不平等假设（MMI假设）。关于教育扩张和教育不平等之间的关系，最著名的一个理论假设是最大化维持不平等（Maximally Maintained Inequality，MMI）假设。MMI假设声称，教育扩张并不能带来教育机会分配的平等化，只要上层阶级或优势地位群休还有可能去提高他们的教育机会，教育机会不平等就会维持。之所以如此，是因为教育扩张所产生的新的教育机会通常会被上层阶级的子女所占据，他们拥有的经济、文化、社会和动机资源有利于他们抓住这些新产生的机会。只有当上层阶级在某一级别的教育中达到饱和，这一级别的教育不平等才会下降。对这一假设可以做进一步的解释：①如果教育扩张只是对人口增长或者社会出身背景结构升级的反映，那么教育不平等就会维持不变；②如果教育扩张速度快于教育需求的增长（指由于人口数量和社会阶层构成变化而导致的教育需求增长），较低阶层将获得更多的教育机会，但较高阶层相对其他群体的优势仍然保持不变；③如果较高阶层在某一教育层次上的教育机会达到饱和，那么该教育层次上进一步的教育扩张将降低较高阶层相对其他阶层的优势；④教育层次越高，家庭背景对子女升学发挥的作用越大。相对于其他促进教育机会分配公平的手段（如合理的绩效选拔措施），教育扩张更容易实施。因为，首先，它极少触动上流群体的利益，上流群体在自身教育要求得到满足的情况下，就不会阻碍社会其他群体获得教育机会；其次，某一教育层次的扩张往往会对下一阶段的教育机会分配产生消极影响，出现僧多粥少的局面；最后，MMI 现象是人们教育选择理性化的结果。

（2）有效维持不平等假设（EMI 假设）。与 MMI 假设不同，EMI 假设认为教育扩张不会带来教育机会分配的平等化。MMI 假设认为，当上层阶级在较高层次的教育中得到满足时，教育扩张产生的新的教育机会就会向较低阶层扩散，从而出现教育机会分配的平等化。但是卢卡斯认为 MMI 假设所说的那种平等化趋势是不存在的，并提出了 EMI（Effectively Maintained Inequality）假设。EMI 假设认为，即使上层阶级在高等教育中达到了饱和，不平等还将在高等教育中以更有效的方式维持。在教育机会分配方面存在着两种不平等，一种是数量上的不平等，比如上层阶级的子女获得高等教育机会的可能性（比例）大于较低阶层的子女；另一种是质量上的不平等，即在同一级别的教育中存在着等级分层，同样是高等教育，但某些种类的高等教育的文凭具有更高的价值，而另一些种类的高等教育文凭价值较低。在社会经济地位上占有优势的阶层永远在为自己的后代争取更多的利益，不仅追求教育数量，也追求教育质量。当某一层次的教育机会短缺时，优势阶层极力为后代争取最多的入学机会；如果教育质量的差异是该教育层次上的主要差异，优势阶层将为后代争取到最好的教育资源；即使数量差异是教育层次上的主要差异，优势阶层在努力争取升学机会的同时，也不会放弃对该教育阶段优质教育资源的追求。在这种情况下，当优势阶层在某一级别的教育需求（比如高等教育）达到饱和时，下层阶级获取这一级别教育的机会可能会得到提升，从而这一级别的教育不平等似乎下降了（数量不平等下降了）；但是，下层阶级争取到的更多的教育机会主要是价值较低的教育种类（比如大学专科）而不是价值较高的教育种类（如大学本科），上层阶级仍然在含金量更高的教育种类中占据优势地位，从而教育不平等得以有效维持（质量不平等仍然维持）。

（3）个人教育决策的理性选择理论（RCT）。MMI 假设和 EMI 假设虽然是教育机会问题研究中广为接受的理论，但近年来，大量的实证研究结果显示，越来越多的国家在教育扩张期间教育不平等程度下降。目前，研究者关注的重点问题是，在教育扩张的背景下，哪些因素可能带来教育机会分配的平等化，哪些因素可能会加剧教育的不平等程度。对这些问题的解释形成了新的理论和观点。

一些社会分层理论家根据理性选择原理，提出了微观层面的教育决策理性行动模型以支持教育不平等持续假设，并解释教育机会不平等程度下降的原因。

$$SE = f\{B(En+1), SD(En), C(En+1), Pf(En+1)\}$$

在这个模型中，一个人是继续下一阶段的求学（$En+1$），还是放弃继续求学，使教育水平停留在目前的水平（En），取决于以下四个因素：下一阶段的教育水平（$En+1$）在劳动力市场上的回报率（B）；决定停留在目前教育水平（En）而可能导致的身份地位的下降总量（SD）；获得下一阶段教育水平（$En+1$）的成本（C）；决定争取下一阶段教育水平但未能成功的概率（Pf）。$En+1$ 收益越多，继续求学的动机越强；反之，$En+1$ 的成本越高，获取 $En+1$ 失败的风险越大，继续求学的动力就越小。这一模型还假定，收益 B 和成本 C 对所有阶级来说是一样的，但地位下降幅度 SD 和失败风险 Pf 对不同的阶级则含义不同。这是因为，对于较低阶层来说，不继续求学而导致的地位下降不明显，而对于中上阶层来说，不继续求学而导致的地位下降感受会比较强烈。至于失败风险 Pf，则依赖于原有的教育地位和状态。出身于优势地位家庭或上层阶级的人，更易在求学过程中取得成功，因为父母传递给他们的认知和技巧与教育体制的要求较为吻合。另外，如果他们求学失败，父母也能利用社会资源、经济资源和文化资源来补偿相应的损失。但是，对较低的社会阶层来说，求学失败概率 Pf 远高于上层阶级，而且失败后可能导致的经济或其他方面的损失也更为严重。这一模型认为，多数情况下，教育扩张会导致教育成本下降和教育收益上升，但是，如果 SD 和 Pf 的阶级差异没有变化，那么教育不平等会持续；反之，如果 SD 和 Pf 发生了变化，比如，就业保障增强和学校筛选作用弱化导致失败风险 Pf 下降，那么阶级之间的教育机会不平等就可能下降。这一套解释及推论被称为理性选择理论。

改革开放以来，我国教育制度经历了多次改革，同时也改变了不同群体个人教育机会的获得。1977 年，我国高考招生制度恢复以后，建立了不论年龄、性别、民族和家庭出身的人才选拔机制，消除了政治因素（家庭出身和阶级成分）对高等教育机会获得的影响，增加了高等教育机会的有效供给。同样，1999 年的扩招，也增加了学子获得高等教育机会的可能性。丁小浩（2006）[23] 发现，若不考虑高等院校内部分层的因素，城镇居民高等教育入学率的均等化程度在 20 世纪 90 年代有了明显的提高；如果考虑高等院校内部分层的因素，优质高等教育资源有向经济背景好和社会地位高的家庭子女倾斜的趋势。杨宝琰和万明钢（2013）[24] 则从城乡分层角度对高中教育机会分配进行了考察，发现随着普通高中教育机会供给量的增长，普通高中教育机会的城乡差异趋于淡化，但城市孩子在重点高中教育机会获得上的优势依然存在。张丽（2011）等则对扩招制度实施后的教育机会分布情况进行了考察，认为新增教育机会通常被优势阶层占有，而且优势阶层的教育投资主要趋向于知名大学，以地位取向为主导，而较低社会阶层多受益于职业类成人高等教育，以生存取向为主导①。在众多关于制度因素的研究中，较有影响的是李春玲的一系列研究成果。她考察了 1940—2001 年社会制度变迁对不同家庭背景的子女教育机会获得的影响，尤其是"文化大革命"时期和恢复高考招生制度以后，教育机会的分布情况及其变化，认为教育机会分配经历了从不平等到平

---

① 张丽：《当代西方教育分层研究的发展——兼论转型社会教育分层研究框架》，《理论界》2011 年第 2 期。

等，又从平等到不平等的演变过程。表面上，教育机会分配的变化情况受到家庭背景和社会制度的双重影响，实际上，社会制度变迁对教育机会分配结果起决定性作用，家庭背景对个人教育获得影响程度的高低变化，只是政府政策及意识形态变化的体现①。

4. 教育机会影响因素的综合分析

教育是需要个人、家庭和社会共同努力来完成的事业，国内有大量研究侧重于对个人、家庭和社会三种因素的综合考量。杨宝琰和万明钢认为社会结构、个体的行动策略、价值观念等因素在教育机会获得过程中具有不同的作用。社会结构因素对高中尤其是重点高中教育机会获得的决定作用非常明显，行动策略、资源和价值观念对教育机会的决定作用弱于社会结构因素，且促进了社会结构因素对教育机会的决定作用；父亲的受教育程度对个体教育机会获得具有非常显著的影响，城乡教育机会获得差异也多由父亲的受教育程度差异导致；经济收入不是影响高中教育机会获得的主要因素；父亲的职业对子女高中教育机会的影响不显著②。刘崇顺、C. M. 布劳戴德以初中毕业生作为样本，分析了城市教育机会分配的个体差异及其制约因素，认为教育机会均等能否实现或实现程度如何，受到社会、自身、家庭几个方面因素的影响③。就社会因素而言，不同学校之间办学条件不同，学生学习成绩不同，最后升学结果不同，教育机会获得也各不相同，如此产生了教育分层分化现象以及教育领域的"马太效应"。就自身因素来说，学生学习成绩与教育机会期待的相关程度最强；性别与教育机会期待相关关系较强；课余时间支配与教育机会期待相关程度微弱。在家庭因素中，影响学生教育机会的五个主要因素包括家庭文化资源、家庭住房条件、物质生活条件、经济总收入和父母辅导学习情

---

① 李春玲：《社会政治变迁与教育机会不平等——家庭背景及制度因素对教育获得的影响（1940—2001）》，《中国社会科学》2003 年第 3 期。

② 杨宝琰、万明钢：《城乡社会结构变动与高中教育机会分配——基于甘肃 Q 县初中毕业教育分流的分析》，《华东师范大学学报》（教育科学版）2013 年第 4 期。

③ 刘崇顺、C. M. 布劳戴德：《城市教育机会分配的制约因素——武汉市五所中学初中毕业生的调查分析》，《社会学研究》1995 年第 4 期。

况。其中，与学生教育机会相关程度较强的是家庭文化资源，其次是家庭住房条件，其余三个因素相关度很弱。

高勇（2008）[25]、胡金木（2009）[26]等的研究也发现，社会、经济、文化与个人能力等因素交互影响着高等教育机会的分配。改革开放以来，个人能力标准被重新确立，家庭政治背景的影响开始弱化，经济因素的作用逐渐凸显，文化因素的作用较为持久有力。

（四）教育机会分配的公平性评价

学者们从自然的利益、机会均等，对待的平等，成绩（学术成功）的平等，社会实现的平等四个方面分别对教育机会分配的公平性进行了评价和测度（W. Hutmacher，D. Cochrane，N. Bottani，2003）[27]。

欧盟曾建立一个教育机会分配的公平性评价指标体系，涉及 29 个关于教育机会分配的指标，包括背景性指标（如经济与社会不均等、文化资源）、过程性指标（如个体所接受教育的数量与质量）、内在结果（如技能、个人发展）以及社会和政治影响的数量与质量指标等，用于检测和评价现实中教育制度的公平性问题（J. D. Sherman，B. Gregory，J. M. Piorier，2003）[28]。

沈有禄（2010）[29]在借鉴西方教育机会分配公平性测度指标体系的基础上，构建了一套中国基础教育资源（广义的教育资源，包括教育机会分配的制度政策以及教育机会分配的过程、结果等）配置公平指标体系，用来测度我国 2003—2006 年全国省际、省际城乡及省域内城乡的基础教育人力、物力、财力资源的不均衡状态。结果发现，除人力资源部分指标配置呈下降趋势外，物力、财力资源配置差距表现为增大的"马太效应"。鉴于制度造成教育机会分布不均等的现实，很多学者提出了有关教育制度改革的建议。埃里克森等通过对瑞典个案的研究发现，高就业率，尤其是针对下层阶级的就业保障，是导致阶级之间教育机会不平等下降的主要原因。巴拉里诺等的研究则发现，导致意大利和西班牙教育机会不平等下降的主要原因是就业保障的增强和学校筛选作用的弱化。吴洪超认为，应该扩大教育机会供给，缓解教育供求矛盾；教育机会分配过程公开化，杜绝暗箱操作；突出弱势补偿理念，形成合理公平的制度设计。霍翠芳（2011）[30]针对高考复读政策的公平悖论，提出了维护应届生和复读生机会均等的平衡性政策建议，认为教育机会的分配不应是一次性的，而应是多渠道、多层次和多次的。叶庆娜[①]建议流入地政府应解决农民工随迁子女高中教育问题，让随迁子女享受与迁入地子女同等的受教育机会。

（五）文献述评

通过对教育机会分配相关文献的梳理，发现现有研究成果对教育机会分配的界定、教育机会均等的影响因素分析、教育机会分配结果甚至相关政策建议等问题已经做了较全面的研究。其中，关于家庭背景对教育机会获得影响的研究较多，并基本达成共识，即优势阶层家庭出身的子女在获得教育机会方面，较之弱势家庭出身的子女有明显优势。但是国内对教育机会分配规律的认识尚存在一些争议，对区域经济发展和社会结构变动与教育不平等之间关系的实证研究有所欠缺，对教育机会分配的制度性影响因素的研究成果并不多，缺乏系统的实证分析。

针对教育扩张期间教育机会分配不平等性的 MMI 假设、EMI 假设等理论及之后的理论观点，对本书有很大的启发和借鉴价值。本书立足于西部农村的教育机会分配研究，将为了解西部农村的教育现实、扩大农村青年的受教育机会的供给，提供较全面的现实依据。

二　教育机会分配的研究假设和思路

教育是一种重要的公共资源，机会均等是教育机会分配的基本要求，也是政府教育制度设计的基本原则。然而，纵使政府分配教育机会的初衷是机会均等，但分配结果也可能不尽如人意。正因为如此，就需要用教育机会分配的结果考察和评价政府教育供给制度和政策的绩效水平，从而更好地解决教育机会分配的公平性问题。

（一）基本假设

1. 高等教育直接影响就业的质量和职业流动能力

高等教育是人力资本形成的关键阶段。"接受过"还是"没接受

---

① 叶庆娜：《农民工随迁子女高中教育：现状、政策及障碍》，《中国青年研究》2011年第 9 期。

过"高等教育，不仅关系到个人的就业质量和收入水平，也关系到个人一生中可能达到的职业地位和社会地位。因为，从教育的内容和目的看，基础教育是一种"通识"教育，主要传授基础文化知识，培养具有一定文化素质的劳动者；高等教育主要是专业教育，注重人才的专业知识和技能、创新能力等的培养。因此，接受过高等教育的人才，拥有较高的专业知识和创新能力，具有较高的生产效率，更容易在较高职业领域就业。

2. 较低层次的教育质量直接影响较高层次的教育机会获得

孤立地研究高等教育机会获得是不可行的，需要将高考之前的基础教育机会获得纳入研究范围。按照这个逻辑推理，小学阶段的教育质量直接影响初中阶段的机会获得，初中阶段的教育质量直接影响高中阶段的机会获得，高中阶段的教育质量直接影响高等教育的机会获得。较低层级的教育质量是较高层级教育机会获得的基础和原因，较高层级教育机会的获得是较低层级教育的结果。各级教育就像链条一样，环环相扣，因果相连，直达就业前的教育阶段。当然，在教育链条中，离就业越近的环节，对职业的影响越大。比如高中阶段的教育质量对高等教育机会获得的影响就大于初中阶段和小学阶段。

（二）研究思路

政策绩效评价的通用方法是：首先用实施结果考察政策的实施绩效，其次根据政策的实施绩效反思实施过程和政策本身的不足，最后提出改进意见。研究过程中用教育机会分配的结果考察教育机会分配制度和政策的实施绩效，教育机会的分配结果采用升学率这一指标来考察。每一个教育阶段的结束，都是学生求学过程中的关键时期，能否升学或能够升入什么样的学校，决定着学生下一教育阶段的教育质量和求学机会。可以说，每一个教育阶段都在进行着教育分流。这种分流在较高教育阶段更加显著。而能否在每一次教育分流中胜出，个人、家庭和社会三个因素都很重要。其中，宏观制度决定着个人的教育机会和资源的获得规则，个人、家庭等微观因素只能在某种宏观环境中寻求自我（或子女）利益的最大化，而不能改变教育机会分配规则。

基于上述逻辑，本书首先用教育升学率作为教育机会分配的基本标准，考察各阶段的教育机会分配情况；其次从教育投资制度和教育资源配置状况两个方面分析教育机会分配差异产生的原因；最后，提出扩大西部农村教育供给的积极建议。

第三节　我国西部农村教育机会分配的变迁与现状

改革开放近 40 年来，我国高等教育规模持续扩张，特别是 20 世纪末呈加速扩大趋势，适龄青年接受高等教育的机会逐年增加。但是，名校里"寒门无贵子"的现象在西部经济落后的农村引发了"新的读书无用论"思潮。为什么在高等教育规模扩张 20 年后，还会产生这种思想？西部农村适龄青年的教育机会获得情况到底如何？本书以高等教育升学率为主要指标，从历史角度考察西部城乡青年高等教育的获得结果及其规律，为寻找解决西部农村教育机会分配问题的有效措施奠定现实基础。

一　西部农村教育机会分配的历史演变

（一）西部城乡专科升学率的历史变化

从专科升学率来看，1980—2010 年的 30 年间，西部农村专科升学率呈逐年上升趋势，与高等教育扩张趋势同步。但从城乡视角看，西部城市专科升学率增长速度明显快于农村（见图 2 - 1）。

从图 1 - 1 可以看出，城市专科升学率从 1980 年的 9.36% 上升到 2010 年的 24.68%，30 年间提高了 15.32%；2000 年西部城市专科入学率已经超过 15%，基本进入高等教育大众化阶段。西部农村专科升学率增长较为缓慢，从 1980 年的 0.66% 增长到 2010 年的 5.71%，仅增长了 5.05%，城乡专科教育机会获得结果差距较大。

从西部城乡专科升学率差距的发展趋势看，西部城市和农村的升学率曲线间距逐渐扩大，说明城乡专科教育机会差距呈现出不断扩大的趋势。这种趋势在不同时期表现出不同的特点：1990 年前较为稳定，1990 年后差距加速上升。1980 年西部城乡专科升学率相差约 8.7%，

图 2 - 1　1980—2010 年西部城乡专科升学率

90 年代之前，差距较为稳定，没有显著扩大的迹象，但从 1991 年开始，西部城乡专科升学率差异逐年上升，1995 年时城乡专科升学率已相差约 12.95%，90 年代后期，随着大学急剧扩招，西部城乡专科升学率不断扩大，2010 年西部城乡专科升学率差距已经扩大到 18.97%。

（二）西部城乡本科升学率的历史变化

从本科升学率来看，1980—2010 年的 30 年间，西部农村大学本科升学率增加缓慢。从城乡视角看，西部城市大学本科升学率增长速度明显快于农村，并且相差悬殊（见图 2 - 2）。

首先，西部城乡大学本科升学率差距有不断扩大的趋势。20 世纪80 年代初期，西部城乡高等教育升学率差距为 4.02%，2010 年时差距已扩大到 21.94%。从图 2 - 2 中可以看出，西部城乡大学本科升学率在 1980—1985 年出现第一次分化，西部城市大学本科升学率年均提高 2.98%，西部农村大学本科升学率年均增长率仅为 0.07%；1985—1995 年增长较为均衡，城乡大学本科升学率增长幅度仅相差1.05%；1995—2010 年城乡大学本科升学率出现第二次分化，城乡大学本科升学率差距以递增的速度不断扩大，2000 年西部城乡大学本科升学率差距比 1995 年增长了 3.53%，而 2010 年西部城乡大学本科升学率差距比 2000 年增长了 11.09%。

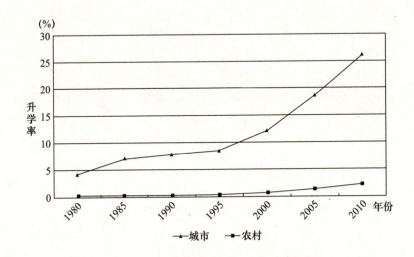

图 2-2　1980—2010 年城乡本科升学率变化

　　其次，与西部城乡大学专科升学率相比，西部城市大学本科升学率增幅大于城市大学专科升学率，而西部农村大学本科升学率增幅小于农村大学专科升学率。1980—2010 年西部城市大学本科升学率增长了 20%，高于城市大学专科升学率增长幅度约 5%，而 1980—2010 年西部农村本科升学率仅提高了 2.1%，低于农村大学专科升学率增幅约 3%，也就是说，西部农村学生升入本科院校的比重逐渐下降，而进入专科院校的比重逐渐上升。

　　最后，西部城乡大学本科升学率高速增长的时期晚于大学专科升学率高速增长的时期。从升学率变化曲线的斜率来看，西部城乡大学本科升学率出现显著增长是在 1996 年之后，而大学专科升学率显著增长是在 1990 年之后。值得注意的是，虽然西部农村大学本专科升学率在 90 年代后期均有所提升，但增长速度与城市相比十分缓慢，2010 年，西部农村大学本专科升学率总和与城市大约相差 40.91%。

　　总之，2010 年之前，与城市青年相比，西部农村青年的高等教育获得机会逐渐下降，高层次的教育机会也在逐渐下降，西部农村学生获得大学专科教育机会增大。

二　西部农村教育机会分配的现状

教育机会分配既包括数量上的分配，也包括质量上的分配，数量上的分配主要通过高等教育入学率体现，质量上的分配则通过重点高校入学情况来体现。本部分以2015年西安某重点高校和某普通高校的生源情况为样本，考察西部城乡青年入学机会的质量差异。

如图2-3所示，以两所高校中西部省份学生为总体，测算两所高校西部城乡生源的比重，其中，以西安××大学作为重点高校的样本，××财经学院作为普通高校的样本。从图2-3中两所高校西部城乡学生所占的比例可以发现，在重点高校中，西部农村生源所占的比重较低，城市生源比重比农村生源高出18.36%，而在普通高校中，情况刚好相反，西部农村生源所占比重比城市生源多20.24%。

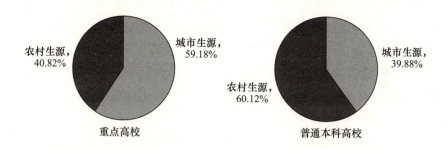

图2-3　2015年西安市重点高校和普通高校生源对比

综上所述，无论是教育机会分配的数量方面，还是质量方面，西部农村青年都处于不利地位，表现在：一方面，西部农村青年本科、专科升学率都明显低于西部城市青年，并且差距逐步扩大；另一方面，西部农村青年接受高等教育质量偏低，进入重点高校的概率低，大多涌入了普通本科高校和专科院校，从而导致西部农村学子将来就业层次偏低。因此，教育机会分配的不平等最终会导致职业和社会地位的不平等。

第四节　西部农村青年教育机会
分配结果的原因分析

——基于城乡视角

20 世纪 80 年代以来，西部农村教育逐渐受到关注，政府的教育财政支出和转移支付力度逐渐加大，教学条件有了很大改善。但是，西部城乡教育质量依然存在差距，并且呈逐渐扩大态势，具体表现在高等教育升学率，尤其是重点高校的城乡学生比例相差太大方面。这就引发了我们的思考：为什么在政府教育投资力度不断加大的情况下，城乡青年的高等教育机会获得依然存在较大差距，并且还有扩大的趋势？

一　西部农村基础教育质量较差

教育是一项需要持续进行的长期系统工程，高等教育的机会获得不是一蹴而就的，它与基础教育的质量紧密相关。在目前的教育体制和人才选拔机制下，本书依然采用升学率作为各阶段教育质量的衡量指标，它也是民间评价教育质量的惯用标准。因为升学率既能表示适龄学生对较高一级教育机会的获得状况，也能说明较低一级的教育质量。

（一）西部城乡义务教育质量差异

从西部城市、县镇和农村义务教育阶段的升学率来看，西部农村初中升高中的升学率明显低于城市和县镇，图 2-4 是 1985—2003 年西部城市、县镇和农村的初中升高中升学率情况，可以看出，城市和县镇初中升高中的升学率一直处于较高的水平，最高时分别达到了 85.49%（2003年）和 67.66%（1990 年）；而农村初中升高中的升学率水平明显很低，最高时也只有 12.20%（1985 年），其他年份均低于 10%。

考察十几年的变动轨迹，可以发现，城市初中升高中的升学率一直在上升；农村初中升高中的升学率 2000 年以前一直在下降，2000年以后虽然有所回升，但与城市和县镇相比还有很大差距。以 2003年为例，城市初中升高中的升学率是 85.49%，而农村仅为 8.01%，城市初中升高中的比例是农村的 10.67 倍。

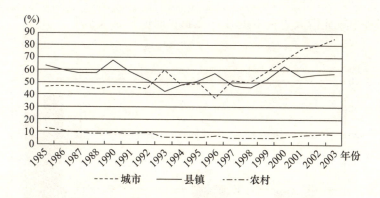

图 2 - 4　1985—2003 年西部城市、县镇和农村的初升高升学率

此外，每年各地区的中考录取分数线也能说明城乡基础教育的质量差异。以西安市为例，2015 年，西安市 5 所重点高中的统招录取分数线为 650—665 分，而西安某郊县重点中学的统招线仅为 570 分。同样的试题，同样是重点中学，城乡录取分数线竟相差近 100 分，这一情况，一方面表明西部城乡基础教育存在质量差异，另一方面也解释了西部农村学生难以获得优质高等教育资源的原因。因为，对大多数农村学生而言，基础教育的城乡差距在短短的高中三年里是很难弥补的。

（二）西部城乡高中教育质量差异及其影响

高中阶段的教育对义务教育和高等教育有着承上启下的作用，高中的教育机会分配结果既是义务教育质量的延续和直接体现，也是导致高等教育机会分配差异的基础。但是，在高等教育扩张和义务教育普遍实施的背景下，西部高中教育的发展相对滞后，在某种程度上延续了城乡义务教育的质量差异，成为农村青年获得高等教育机会的主要约束因素。

从西部某县的相关数据可以看出（见图 2 - 5），2012—2014 年，西部农村学生进入一本院校的比率不到 20%，50% 左右的学生进入了高等职业学校和高等专科学校。可以预知，这些进入高职高专的学生和高考落榜直接进入劳动力市场的农村学生，大多数将在次要劳动力市场就业。对他们来说，进一步考研或考博的希望渺茫，这也意味着他们将很难凭借人力资本提升自我职业地位和收入水平。

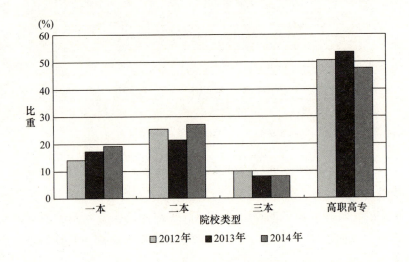

图 2-5 西部某县高中高考录取情况

此外，从每年各个学校的一本上线率可以看到，城乡中学教育的差距也非常显著。以西安市为例，据调查，2015年，西安市某区的一所重点高中一本上线率超过95%，而某郊县的一所重点中学一本上线率不到10%。由此可见，城乡教育差距比较显著。

城乡基础教育差距，尤其是高中教育差距的存在，使家长千方百计、不惜成本地争夺教育资源，各种辅导班、奥数班、"择校""借读"风也随之而起，一些人借机大肆敛财，这种风气也正逐渐从城市向农村蔓延。繁重的课外辅导，不仅侵占了学生正常的休息时间，而且使他们失去了自主学习和体验生活的机会。同时，高额的补课和择校费用，也加大了家长的经济负担。尤其是对于西部农村贫困家庭而言，不补课，孩子的学习成绩可能更差；补课，经济上负担不起。因此，高中教育质量差异可能会因为家庭经济因素的加剧而使西部农村贫困青年获得高等教育资源的机会大大减少。

二 西部农村基础教育资源长期匮乏

由于20世纪80年代西部农村基础教育投资制度的变迁，使得西部农村基础教育资源长期匮乏，很多小学、初中校舍破旧，设施落后，拖欠教师工资，导致优秀教师流失严重，农村基础教育质量下滑。虽然进入 21 世纪以来，我国对农村基础教育尤其是西部义务教育的投资力度加大，使西部农村基础教育的办学条件大为改善，但是，"冰冻三尺，非一日之寒"，西部农村基础教育资源匮乏的状态，尤其是教育软资源缺乏的状态很难在短期内彻底改变。下面从经费（财）、硬资源（物）和软资源（人）三方面分析西部城乡义务教育阶段和高中教育阶段的资源差异，以进一步解释西部城乡高等教育机会分配的差异。

（一）西部城乡义务教育阶段的资源差异

1. 西部城乡义务教育阶段的经费差异

城乡义务教育阶段经费差异的形成。西部城乡义务教育阶段的经费丰裕程度随着政府教育投资制度的变化而变化。1984 年，国务院颁布了《关于筹措农村学校办学经费的通知》，自 1985 年开始对农民征收"教育附加费"，以及各种形式的面向农民的"教育集资"，极大地加重了农民子女的教育负担。西部农村本身地处偏远，教育回报较低，加之较高的教育成本，教育意愿严重不足，从而导致西部农村适龄儿童在基础教育阶段辍学率较高。1985 年，中央出台《关于教育体制改革的决定》，该决定确立了义务教育的"分级办学"制度，提出"把发展基础教育的责任交给地方，有步骤地实行九年义务教育，实行基础教育由地方负责、分级管理的原则"。"分级办学"制度意味着在义务教育上的城乡分割。1985 年以前，我国的教育经费主要依靠政府和地方财政拨款。而 1985 年之后，农村义务教育经费在很大程度上依靠县、乡级政府维持。我国西部农村地区经济较为落后，基层政府财力十分有限，用于教育的投资捉襟见肘，西部城乡义务教育投资差距持续扩大，如图 2－6 所示，1995 年西部城乡义务教育生均经费之比约为 1.10，2000 年扩大到 1.16，2005 年进一步扩大为 1.17。西部农村基础教育投资长期不足，教育经费的严重短缺制约了西部农村基础教育的发展。

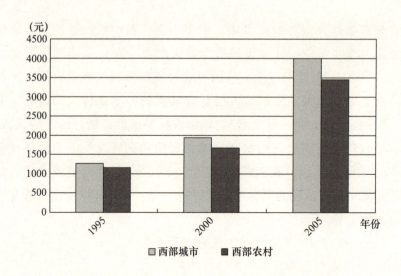

图 2 – 6　1995—2005 年西部城乡义务教育生均经费对比

　　以上原因导致了在 20 世纪八九十年代西部农村基础教育质量低下，西部农村学子在高等教育的竞争中处于劣势地位，很难通过升学考试获得进一步受教育的机会。

　　城乡义务教育阶段经费差距的缩小。2000 年以前，我国农村教育的投入主要依靠乡、村自筹，2000 年开始，国家逐步开展农村税费改革试点，加大了对农村基础教育的投入力度。2001 年，我国开始实施农村义务教育管理体制改革，确立了地方政府负责、分级管理、以县为主的体制，基础教育管理与经费筹措由乡镇转为由县级政府负责。2003 年全国农村教育工作会议召开，强调了农村教育的重要地位，全面推行"一费制"（即在严格核定杂费、课本和作业本费标准的基础上，一次性统一向学生收取费用），西部贫困地区和农村地区开始实施"两免一补"（免杂费、免书本费、逐步补助寄宿生生活费）政策。

　　2005 年建立中央和地方分项目、按比例分担农村义务教育经费保障机制，逐步将农村义务教育全面纳入公共财政保障范围。2006 年，新《义务教育法》出台，明确各级责任，中央地方共担，经费省级统筹，管理以县为主的新机制，明确了政府对义务教育的经费投入种类和经费投入比例，实行专款专用制度，同时还专门规定了农村义务教育所需经费，由地方政府根据国务院规定，分项目、按比例分担，促进了农村义务教育的发展。从 2008 年秋季开始，在全国范围内全部免除城市义务教育阶段学生学杂费，并对享受城市居民最低生活保障政策家庭的处于义务教育阶段的学生继续免费提供教科书，对家庭经济困难的寄宿学生补助生活费。

2005 年以后，我国西部农村教育投入得到显著改善，城乡义务教育生均经费差距逐渐缩小，由 2005 年的 1.17 下降到 2008 年的 1.02。到 2011 年时，西部农村义务教育生均经费投入已经超过了西部城市，城乡义务教育生均经费比例为 0.97。从经费增长比例来看，西部农村义务教育生均经费呈加速增长趋势，1995—2005 年，西部城乡基础教育生均经费的增长率分别是 218.40%、202.48%，而 2005—2011 年，西部城乡义务教育生均经费的增长率增加到 290.63%、367.4%（见图 2－7）。同时，西部城乡高中教育的生均教育经费差距也显著缩小，2007—2013 年，西部城乡高中生均教育经费差距大约缩小了 10 个百分点。

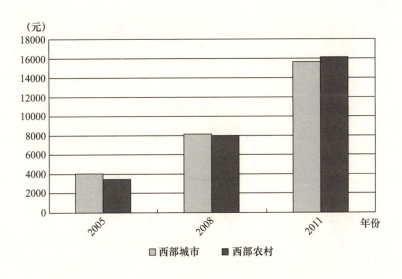

图 2－7 2005—2011 年西部城乡义务教育生均经费对比

2. 西部城乡义务教育阶段的硬资源差异

随着国家经济实力的不断提升，国家对西部地区的教育投资大幅提高，在义务教育阶段实施了"义务教育学校标准化建设"，西部农村教育的硬资源得到较大改善。危房、民房等不规范校舍被宽敞明亮的校舍代替，在西部偏远山区，最漂亮的建筑往往是学校。鉴于"义务教育学校标准化建设"的显著成效，以及城乡土地资源稀缺程度的不同，本书在具体分析过程中，舍掉对教育质量影响不大的校舍、绿化面积等指标，只选取生均图书量和生均计算机数两项指标，来考察教育硬资源对城乡教育机会分配的影响。

西部农村义务教育阶段的生均图书量明显增加，在 2010 年时已经超过了城市生均图书量（见图 2-8）。西部农村义务教育阶段的生均计算机数也呈波动增长趋势，从 2003 年的生均 0.12 台增长到 2013 年的生均 0.49 台，与城市地区生均计算机数差距缩小了约 0.1 台（见图 1-9）。

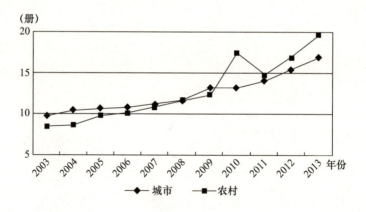

图 2-8　西部城乡义务教育生均图书量

3. 西部城乡义务教育阶段的软资源差异

教师是教育活动的主导者，其自身的能力和素养在很大程度上决定着教学质量和学生质量。教师的学历层次反映了教师素质的高低，教师的职称情况反映了其教育水平的高低和教学能力的大小。从西部城乡对比数据来看，师资水平的差距是非常明显的。

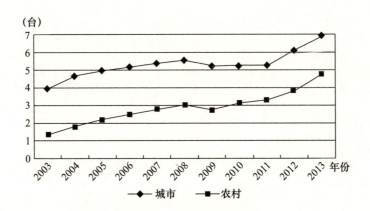

图2-9 西部城乡义务教育生每百人计算机数

从教师的学历层次来看，首先，西部农村教师学历层次较低。西部农村教师的学历层次以大学专科为主，城市地区的学历层次以大学本科为主，西部农村的教师学历明显低于城市地区。如表2-1所示，西部城市义务教育阶段教师学历层次在2007年出现转折性变化，2006年前以专科学历为主，2007年后以本科学历为主；而西部农村地区2004年才改变了教师学历以高中为主的局面，2013年西部农村本科教师比例约为城市的一半。其次，西部农村教师学历水平提升较慢。在2003—2013年10年间，西部农村义务教育阶段本科学历教师比例增长了约30%，研究生学历教师比例增长了0.1%；而西部城市同期本科学历教师比例增长了42.26%，研究生学历教师比例增长了1.28%。最后，西部农村教师中，具有高中学历的教师比重较高。虽然西部农村高中及以下学历的教师数量大幅下降，但是近三年依然维持在15%左右的水平。

表2-1 西部义务教育城乡教师学历情况 单位:%

年份	研究生		本科		专科		高中		高中以下	
	城市	农村	城市	农村	城市	农村	城市	农村	城市	农村
2003	0.19	0.02	22.12	3.44	53.98	39.33	22.87	53.53	0.84	3.68
2004	0.21	0.03	28.08	5.83	53.64	46.75	17.52	44.62	0.54	2.76

续表

年份	研究生		本科		专科		高中		高中以下	
	城市	农村	城市	农村	城市	农村	城市	农村	城市	农村
2005	0.29	0.02	34.05	8.05	51.15	51.46	14.08	38.13	0.43	2.34
2006	0.41	0.04	41.31	9.54	46.21	53.95	11.75	34.38	0.32	2.09
2007	0.48	0.04	44.88	12.47	44.83	55.73	9.58	30.07	0.23	1.70
2008	0.66	0.04	49.64	16.09	41.26	55.96	8.23	26.48	0.21	1.43
2009	0.78	0.05	54.64	20.26	38.04	55.29	6.40	23.23	0.13	1.17
2010	0.97	0.06	58.30	24.35	35.57	54.34	5.06	20.34	0.11	0.91
2011	1.00	0.07	58.36	22.94	35.72	60.88	4.85	15.56	0.07	0.55
2012	1.21	0.08	61.50	29.98	33.37	53.23	3.86	16.19	0.06	0.52
2013	1.47	0.12	64.38	33.57	31.12	51.81	2.99	14.04	0.04	0.45

从教师的职称结构来看，首先，西部城乡教师职称结构均呈纺锤状分布，即中级职称比重大，高级和初级职称比重小，但农村地区重心更低。从表2-2中可以看出，西部城乡中级职称教师比重相当，但农村的高级职称教师比重明显低于城市。其次，西部城乡高级职称教师比重均呈增长趋势，农村增长较快，但与城市相比仍存在一定差距。2003—2012年，西部城市高级职称教师比重增长了11.88%，西部农村高级职称教师比重增长了14.64%，虽然农村义务教育阶段高级职称教师比例增长较快，但截至2012年农村高级职称教师比例与城市相比仍相差大约6个百分点。最后，西部农村地区初级职称教师比重较高。2012年时西部农村还有15.33%的教师是初级职称和未评职称。

表2-2　　　　　　　　西部义务教育城乡教师职称情况　　　　单位:%

年份	高级		中级		初级		未评	
	城市	农村	城市	农村	城市	农村	城市	农村
2003	27.98	19.29	55.15	51.91	8.47	18.50	8.40	10.29
2004	31.37	20.71	52.94	53.45	6.98	16.60	8.70	9.24

续表

年份	高级		中级		初级		未评	
	城市	农村	城市	农村	城市	农村	城市	农村
2005	33.04	22.72	53.20	53.71	5.81	14.98	7.96	8.58
2006	34.76	24.75	52.79	53.20	4.53	13.28	7.92	8.78
2007	36.75	26.31	51.97	53.59	3.83	11.83	7.45	8.27
2008	38.24	27.04	51.15	53.81	3.30	10.15	7.31	9.00
2009	39.13	29.95	50.40	52.87	2.81	9.00	7.65	8.18
2010	39.73	31.27	50.18	52.43	2.40	7.96	7.69	8.35
2011	39.67	32.97	50.76	51.41	2.15	7.36	7.42	8.27
2012	39.86	33.93	50.52	50.74	1.94	6.22	7.67	9.11
2013①	30.90	26.08	40.29	44.47	1.45	2.41	27.36	27.04

注：中学阶段的高级职称是指中学高级，中级职称是指中学一级和二级，初级职称是指中学三级；小学阶段的高级职称是指小学高级，中级职称是指小学一级，初级职称是指小学二级和三级。

（二）西部城乡高中教育阶段的资源差异

1. 西部城乡高中教育阶段的经费差异

高中阶段的教育属于非义务教育，其教育成本由国家、社会和家庭共同分担。随着义务教育的免费和高校的大规模扩招，政府将教育经费大量投入到义务教育和高等教育中，导致普通高中教育的经费投入严重不足。2008 年高中教育经费投入仅占教育总经费的 12.45%。2010 年，《国家教育中长期改革与发展纲要（2010—2020 年）》指出，要加快普及高中教育，完善非义务教育培养成本分担机制。2012年，党的十八大提出要基本普及高中教育。因此，研究高中阶段教育经费变化情况是十分必要的。

通过对《中国教育经费统计年鉴》进行整理发现，高中教育阶段分城乡的统计数据比较缺乏，2007 年以后才有具体统计数据。因此，

---

① 2013 年，国家进行中小学教师职称制度改革，将中学和小学教师职称合并，统计标准发生变化，因此数据变化较大，在此不作为变化趋势考量。

我们只能以 2007 年为界限，分两个阶段来研究：2007 年以前我国西部地方普通高中的经费情况；2007 年以后我国西部地方普通高中分城乡的经费情况。

从图 2 - 10 中西部城乡"生均教育经费比"这一指标可以看出，关于我国西部地方普通高中的教育经费，城乡之间的差异整体呈缩小趋势。2007 年、2009 年和 2011 年的生均教育经费城乡比分别是 1.47、1.25 和 1.29，其中 2011 年略有上升。西部地区城市和农村的生均教育经费从 2009 年到 2011 年的增长率分别是 62.13%、57.33%，且 2011 年时西部城乡的生均教育经费分别是 10466.82 元和 8135.83 元。因此无论从绝对值还是增长率来看，西部城市的水平都高于西部农村，但是西部城乡之间的差异自 2007 年以来呈现缩小的趋势。这些数据变化说明西部农村高中的教育经费逐渐增长，同时也从侧面反映出我国西部农村学生获得高中教育的机会逐渐增加。

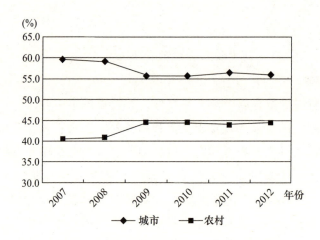

图 2 - 10　西部城乡地方普通高中生均教育经费对比

2. 西部城乡高中教育阶段的硬资源差异

从生均图书量和计算机拥有量看，西部农村高中教育硬件资源改善了很多，尤其是近些年与城市已相差无几。西部农村高中的生均图书量增长非常快，从 2009 年之后，城乡生均图书量大体持平；农村高中计算机数量在 2011 年大量增加后，与城市的差距已经很小，2013 年达到每十名学生一台计算机的水平。

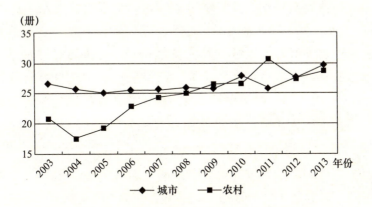

图 2-11　西部城乡高中教育阶段生均图书量

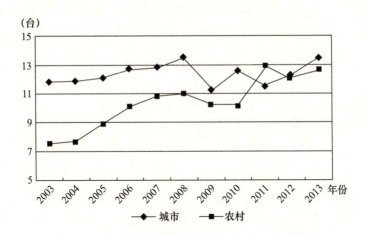

图 2-12　西部城乡高中教育阶段每百人计算机数

3. 西部城乡高中教育阶段的软资源差异

从高中教师的学历层次来看（见表 2-3），城乡教师学历水平存在一定差距，但这一差距小于义务教育阶段。首先，从具有本科及以上学历教师的比例来看，西部城市略高于农村。2013 年，西部城市高中具有本科及以上学历的教师比例已经达到97.08%，而西部农村高中具有本科及以上学历教师比例为94.95%。其次，西部农村高中本科学历教师比例增长较快，从 2003 年的 47.94% 增长到 2013 年的 92.08%，翻了一番。最后，从专科学历教师比例来看，西部农村高于城市，但西部农村高中专科学历教师比例下降较快，尤其是 2003 年到 2009 年期间下降非常明显，每年大约下降 6.5%。

从高中教师的职称等级来看（见表 2-4），西部农村教师与城市教师职称等级有较大差距。首先，高级职称教师比例差距最为显著。2003—2009 年，西部农村具有高级职称的教师比例与西部城市相比，差距呈扩大趋势。2009 年西部农村具有高级职称的教师比例与城市相比差距高达 17.8%，2011 年之后差距逐渐缩小。其次，城乡具有中级职称的教师比例较为稳定。西部城市高中具有中级职称的教师比例维持在 62% 左右，西部农村高中具有中级职称的教师比例大约在 69%—70%，西部城乡中等职称教师比例差距保持在 8% 左右。最后，西部农村初级职称教师比例下降较快，2013 年西部农村初级职称教师比例只剩 1.06%，西部农村教师的职称结构正逐步向上提升。

表 2-3　　　　　西部高中城乡教师学历情况　　　　单位:%

年份	研究生		本科		专科		高中		高中以下	
	城市	农村	城市	农村	城市	农村	城市	农村	城市	农村
2003	0.96	0.17	81.05	47.94	17.5	51.02	0.47	0.86	0.02	0.01
2004	1.33	0.35	84.43	59.16	13.9	39.80	0.32	0.68	0.01	0.02
2005	1.67	0.44	86.90	67.99	11.2	31.03	0.27	0.50	0.02	0.04
2006	2.03	0.96	88.60	72.79	9.14	25.63	0.20	0.55	0.02	0.07
2007	2.38	0.74	89.88	77.87	7.54	20.98	0.18	0.41	0.01	0
2008	2.91	1	90.55	83	6.34	15.43	0.17	0.45	0.03	0.11
2009	3.61	1.27	91.05	86.43	5.16	12.06	0.13	0.24	0.05	0
2010	4.44	1.71	90.89	88.68	4.49	9.02	0.10	0.59	0	0
2011	4.98	2.01	91.21	89.99	3.74	7.84	0.08	0.16	0	0
2012	5.68	2.48	90.94	91.24	3.30	6.19	0.08	0.09	0	0
2013	6.41	2.87	90.67	92.08	2.85	5.01	0.06	0.04	0	0

表 2-4　　　　　　　西部高中城乡教师职称情况　　　　　单位:%

年份	高级		中级		初级		未评	
	城市	农村	城市	农村	城市	农村	城市	农村
2003	25.50	9.55	64.21	69.29	1.79	8.30	8.50	12.86
2004	26.55	9.64	63.04	70.06	1.61	7.36	8.80	12.94
2005	27.04	10.38	62.88	69.73	1.42	6.98	8.66	12.92
2006	28.93	11.59	62.27	69.56	1.13	6.64	7.67	12.21
2007	29.65	11.69	62.60	69.99	0.95	4.59	6.80	13.73
2008	30.10	13.64	62.43	70.99	0.81	4.04	6.66	11.33
2009	31.65	13.85	61.72	72.49	0.62	3.28	6.01	10.38
2010	31.98	15.15	61.38	71.31	0.57	2.33	6.07	11.22
2011	30.55	17.12	62.29	70.17	0.62	1.42	6.54	11.29
2012	30.16	17.18	62.05	70.75	0.50	1.56	7.29	10.51
2013	28.62	16.56	63.02	69.25	0.53	1.06	7.84	13.14

（三）分析结论

综上所述，从城乡视角的比较结果看，导致西部农村青年高等教育机会获得差异的表面原因是较低的基础教育质量；而其根本原因是城乡教育资源的差异，尤其是师资方面的软约束。2003—2013 年西部农村教育硬件资源改善较为显著，究其原因，一是我国经济长期较快稳定发展，对西部地区尤其是农村地区教育投资明显增加，教育硬件资源随着教育投入的增长较容易得到补充。二是国家在"十二五"期间，全面推行"义务教育学校标准化建设"，西部农村地区本来薄弱的硬件资源在这一期间大幅改善。

西部城乡教师队伍尤其是义务教育阶段教师队伍的质量差距非常大，农村教师的学历层次和职称等级普遍较低。由于西部乡村及偏远地区在政治、经济、文化、交通、通信等方面总体发展水平比较落后，当地居民生活条件艰苦，文化生活贫乏，对优质的教师资源或者在大城市接受过高等教育的年轻教师缺乏吸引力，教师很难单纯依靠职业理想、社会责任长期服务于西部农村地区。具体案例如表 2-5 所示。

表 2-5   西部乡村教师流动频繁的原因

问题	具体案例
住房问题	2006 年，云南省镇沅县第三中学，校长和教师没有宿舍，所有教师居住在简易的合租农舍；四川省南部县乡村教师因校舍问题纷纷离职，3 个班只剩 1 名教师①
职业属性问题	2007 年，西部农村大约有 40.8% 的教师是民办教师②，没有正式编制
信息问题	2007 年，44.9% 的西部乡村教师认为信息来源是他们与城市教师最大的差别③
学校管理问题	陕西省 M 村农村优秀教师因学校无法解决其与主任之间的矛盾而离开④
社会地位问题	乡村教师社会地位随社会阶层变迁逐步边缘化⑤

"引不来、留不住"的现象，不仅发生在西部农村教育经费困难的 20 世纪八九十年代，而且在"新义务教育法"实施以后，仍然时有发生。这说明，西部农村的硬资源可以随着政府投资力度的增大而迅速提升，但是，高质量的教师是一种软资源，是需要长期培养和扶持的资源。

第五节   结论及展望

一   主要研究结论

1. 西部农村教育机会供给总量增加，但是有向低层次聚集的倾向

从教育机会供给看，近年来政府加大了对西部农村教育的投资力度，农村教育条件得到很大改善，农村青年对高等教育的机会获得总体提高；但是从教育机会获得结果看，农村青年对高等教育优质资源

① 邓大洪：《西部乡村教师为住房所累》，《中国商报》2006 年 10 月 24 日。
②③ 姜睿馨：《西部乡村教师人力资源开发》，《经济视角》2007 年第 12 期。
④ 王安全：《一个西部县农村教师结构五十年的变迁》，硕士学位论文，陕西师范大学，2012 年。
⑤ 周中华：《乡村教师边缘地位的形成研究》，硕士学位论文，首都经济贸易大学，2014 年。

的获得机会减少，有向高职高专等较低教育层次聚集的倾向。

2. 西部城乡教育机会获得结果差距加大

从城乡视角看，1990年之前，城乡教育机会的获得差距较小，并且比较稳定；1990年之后，城乡教育机会差距加大，尤其是城乡本科教育机会差距更大，并有不断扩大的趋势。

3. 城乡教育机会差异形成的表面原因是城乡教育质量差异，其根本原因是城乡教育资源差异，尤其是教育的软资源差异

政府大量的经费投资，改善了西部农村教育的物质条件，但是师资等软件在短时间内很难提高。西部农村教育师资力量薄弱是由地理位置、地方经济、制度变迁等多种因素导致的。

教师是教育的主体，是任何物质资源都不能代替的，在农村教育中起着至关重要的作用。因此，目前的西部农村教育要解决的关键问题应该是基础教育的师资队伍建设。

二 前景展望

随着西部农村基础教育投资力度的增加和硬件条件的改善，西部农村基础教育教师的学历和职称总体上也在不断提高。尽管近些年来国家逐步增加了对西部农村教育的转移支付，实施校舍危房改造工程等，但是却忽略了教师生活条件、职业地位等问题的解决。"特岗计划""免费师范生计划""大学生志愿服务西部计划"等的实施，每年为西部农村输送大量优秀教师，但是西部农村中小学教师流动频繁，不能长期留任，导致西部中小学教师发展现状不容乐观。

所以，只有妥善解决西部农村教师的经济问题、心理问题和社会问题，更加注重教育投资中教师生存和发展环境的改善，才能真正地引进来、留得住优秀教师资源，实现对西部农村教育的"造血式扶贫"，从而改善西部农村基础教育质量，实现城乡高等教育入学机会的平等化。

第三章　人力资本

　　青年劳动力市场中，以受教育程度为主要标志的人力资本在就业过程中扮演着越来越重要的角色，已成为进入某些行业的通行证。本篇首先通过理论探讨，说明教育机会分配在人力资本形成与积累过程中的重要作用；然后通过纵向比较，考察教育机会分配制度对西部农村青年人力资本水平的实际影响。

第一节　人力资本的形成与积累

一　人力资本的概念

　　人力资本（Human Capital）是相对于物质资本（Physical Capital）而言的，主要是指凝集在劳动者身上的知识、技能及其所表现出来的劳动能力。在传统产业经济中，物质资本占据主导地位。20 世纪二三十年代以来，"经济增长剩余"引发了人们极大的兴趣，并在经济学理论界产生了许多新思想。其中，西奥多·舒尔茨从人力资本角度的解释很有代表性，他指出，人力资本和物力资本的主要区别在于，在资本应用过程中，物质资本的边际报酬递减，而人力资本的边际报酬递增。

二　人力资本形成与积累的途径

　　人力资本是体现在劳动者身上的一种资本类型，它以劳动者的数量和质量，即劳动者的知识程度、技术水平、工作能力以及健康状况来表示，是这些方面价值的总和（西奥多·舒尔茨，1960）[31]。人力资本的经济价值和社会价值曾经为各国的实践所证实。人力资本各要素形成的途径主要有学校正规教育、在职培训、医疗保健和迁移。众所周知，健康的身体是正常工作的必要前提，保证和维持健康的各种活动所形成的人力资本可以称为健康型人力资本；正规学校教育是专门传授知识的过程，在职培训也是提高劳动者技能的途径，两者形成的人力资本可以称为知识型人力资本；同样，个人和家庭为适应就业机会的变化而进行的迁移也能开阔视野，增长见识，这类人力资本可以称为经验型人力资本。因此，根据人力资本形成的途径，可以将人力资本分为三种类型——健康型人力资本、知识型人力资本和经验型人力资本。后来，"干中学"（Learning by Doing）理论的出现，进一步扩大了经验型人力资本的外延。"干中学"理论强调劳动者在生产产品与提供服务过程中的积累经验，认为劳动者也能从经验积累中获得知识，从而有助于提高生产效率和增加知识总量（Arrow，1962）[1]。

之后，人力资本被引入内生经济增长模型，用来说明人力资本和技术进步在现代经济增长中所起到的推动作用。舒尔茨、阿罗等用人力资本理论解释了许多无法用传统经济理论解释的经济增长问题，明确提出人力资本是促进经济增长的主要原因。在人力资本的形成过程中，教育投资是非常关键的基础条件，是经济增长的"发动机"。舒尔茨在《教育的经济价值》中提出，劳动者通过接受系统教育培训，可以获得某种知识和技能。这种知识和技能提高了劳动者的劳动效率，具有经济价值，会给受教育者带来收益。人们通过受教育获取本领时，也就获得了一种具有生产能力的潜力，它蕴藏在人体内，会在将来做出贡献。因此，与其他方面的投资比较起来，人力资本投资的回报率很高。

第二节　西部农村人力资本研究的理论基础

一　农村人力资本研究的理论综述

现代人力资本理论产生于 20 世纪 60 年代，美国经济学家西奥

---

① Arrow K., "Economic Welfare and the Allocation of Resources for Invention", *In the Rate and Direction of Inventive Activity*, 1962：609 – 626.

多·舒尔茨（T. W. Schultz）、雅各布·明塞尔（Jacob·Mincer）和加里·贝克尔（Gary·S. Becker）等代表人物在人力资本的内涵、人力资本的经济与社会功能等方面做了大量的开拓性研究。

（一）人力资本与个人收入的关系

人力资本理论最初产生于对宏观经济"增长剩余"的解释，后来被广泛应用于收入、贫困、就业、职业流动等多个领域。

1. 人力资本与个人收入水平

舒尔茨（1964）在《改造传统农业》一书中提出，农民贫困的根本原因在于农村人力资本的缺乏。他认为改变穷人福利的决定性因素不是空间、能源和耕地，而是人口质量的改善和知识的增进①。雅各布·明塞尔、巴鲁克·列夫、阿巴·施瓦茨、弗兰姆·霍尔茨等用计量模型测算教育投资与个人未来工资（或收益）的关系，都得出了教育与个人收入具有正相关关系的结论。

我国的研究成果也很丰富，代表性研究有：李实、李文彬（1994）[32]采用雅各布·明赛尔收益率法，对1988年城镇17981位职工的货币收入与其受教育年限和工作经验进行回归分析，获得各变量系数的估计值，得出城镇职工的个人教育年平均收益率的估计值为3.8%，而且受教育年限的边际收益是递增的：接受小学教育、初中教育、高中教育和大学教育的收益率分别为2.7%、3.4%、3.9%和4.5%。诸建芳等（1995）[33]利用大致相同的方法，估算出1992年城镇企业职工接受基础教育和专业教育的个人收益率分别为1.8%和3.0%。高梦滔[34]通过对中国农村工业部门的研究得出如下结论：农村工业部门的员工受教育程度在很大程度上影响着他们的工资水平。赖德胜[35]、闵维方[36]、陈晓宇[37]等也从不同角度对个人收益率做了测算。国内实证研究同样证明了人力资本的基本命题——教育与个人收入呈正相关。

2. 人力资本与个人收入差距

从人力资本理论被系统研究开始，部分学者就已经注意到人力资本与收入分配差距之间的关系。雅各布·明塞尔（1957，1974）[38]认

---

① T·W. Schultz、梁小民：《改造传统农业》，商务印书馆2006年版。

为，工资差别主要是由受教育的差别引起的，人力资本是劳动收入和工资结构的决定性因素，工资收入差异的1/3能够通过接受正规教育程度的差异来解释。西奥多·舒尔茨（T. W. Schultz，1960[39]、1962[40]）等则认为，人力资本的改善能减轻个人收入分配的不平等。阿鲁瓦利亚（M. S. Ahluwalia，1976）[41]通过研究发现，若社会识字率从10%增加到60%，收入最低的40%人口的收入占社会总收入的份额将增加2.8个百分点；初等教育入学率对该部分人口的收入份额起着显著的正向作用，从而缩小收入差距。

对于我国个人收入差距的变化趋势，有些学者结合我国教育扩展的现实来分析，基本观点有三种，分别是缩小、扩大、先扩大后缩小。第一种观点，教育扩展能缩小收入差距。首先，随着人力资本存量的增加，知识、信息、技术等在全社会普及，人力资本供求缺口缩小，甚至出现供过于求的现象，人力资本的投资收益率下降，造成人力资本的贬值和人力资本收入的减少。其次，劳动者之间的竞争加剧，也会降低人力资本的投资收益率，造成人力资本贬值。最后，随着人力资本存量的增加，人力资本的易折旧性特征越来越显著，人力资本折旧速度加快，造成人力资本贬值。以上这些因素的影响，使人力资本所有者与非人力资本所有者之间、不同层次人力资本所有者之间的收入差距缩小，从而使整个社会的居民收入差距缩小。

第二种观点，教育扩展将扩大收入的不平等。人力资本是有层次的，人力资本的积累具有报酬递增性。随着居民人力资本存量的增加，最先获得人力资本的居民收入增加，而没有获得人力资本的居民收入没有变化，从而拉大了收入差距。迈瑞恩等（A. Marin等，1976）[42]研究发现，美国高等教育每扩展5%，将导致收入分配指数恶化2%。达斯古普塔（P. Dasgupta，1979）[43]研究发现，在印度和哥伦比亚，公共教育的扩展有助于收入的均等化，而私人教育的扩展则加剧了收入分配差距，私人教育扩展的消极作用超过了公共教育扩展的积极作用，因此教育扩展对收入分配状况的总体影响是恶化的。张锦华（2007）[44]研究表明，无论是在短期还是长期内，农村居民受教育水平和职业培训的差异都是造成收入差距的一个重要因素。同时，教育差距既加剧了收入差距的扩大，又可能进一步伴随着收入非平衡增长的扩大而扩大，低收入农户有陷入"贫困陷阱"的危险，而解决问题的关键是推进农村教育的均衡协调发展。

第三种观点，教育扩展与收入差距之间呈倒"U"形关系。随着人力资本投资增加，个体人力资本存量积累通过扩张效应、平等化效应、缩减效应和错位效应影响居民间的收入差距，带来了人力资本对居民收入差距的存量效应，在不同经济发展阶段形成了人力资本存量与居民收入差距的倒"U"形曲线。赖德胜（1997）[45]、白雪梅（2004）[45]等的研究证实教育扩展与收入不平等变动之间存在着倒"U"形关系；焦斌龙（2011）[46]从我国经济发展的阶段特征出发，认为中国目前正处于工业化中期，处于倒"U"形曲线的左侧，人力资本存量对收入差距的扩张效应大于平等化效应，呈现出随着人力资本投资的增加，居民收入差距扩大的态势。

3. 人力资本与个人收入流动

自人力资本理论被提出以来，国内外学者对教育的投资收益进行了大量研究和验证，认为从个人生命周期看，在一个人职业生涯的早期，工作年限对收入有正向影响，个人收入随着工作年限的增加而增加；当工作年限达到一定界限时，收入达到最大值，之后随着工作年限的增加，收入反而逐渐减少。反映个人整个职业生涯中的收入变动轨迹的曲线，被称为年龄与收入曲线（见图 3 - 1）。该曲线直接反映人力资本水平与收入、年龄之间的相互关系。

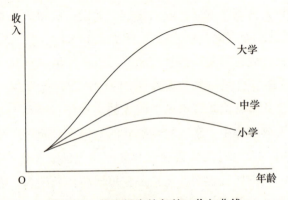

图 3 - 1　教育投资的年龄—收入曲线

年龄—收入曲线表明，从总体收入水平看，受教育年限与劳动者的终生收入水平成正比，大学文化程度者的终生收入大于中学文化程度者，中学文化程度者的终生收入大于小学文化程度者。不仅如此，从年龄—收入曲线的倾斜率看，一个人在职业生涯的初期投资成本越大，其收入增加的速度越快，表现为年龄—收入曲线倾斜度越大；反之，年龄—收入曲线越平缓。再从收入与职业的关系看，受教育程度越高，职业地位和收入水平往往也越高；同样，职业上升的空间和收入提升的可能性也越大。塔克（I. B. Tucker Lii, 1986）[47]、科恩等（Cohn E. 等, 1987）[48]对美国劳动力市场的数据进行研究发现，劳动者的受教育水平越高，收入水平提升越快。康小明（2009）[49]研究发现，与未接受高等教育的毕业生相比，接受高等教育的毕业生进入劳动力市场后，在相同的工作时间内，能够获得更高的职业地位和发展成就。

4. 人力资本与个人收入的代际传递

人力资本水平对于个体社会地位的获得具有极其重要的作用，但是并不能因此而忽视家庭背景对于个体收入及地位获得的影响。父辈对于子代社会地位的获得具有间接的影响，虽然子代并不能直接继承父辈的人力资本，但是父辈的人力资本可以通过教育这一中介因素来影响子代的收入及人力资本水平（G. J. Duncan, 1981）[50]。尤其是在劳动力市场尚没有达到充分竞争的情况下，个人的人力资本投入的收益可能无法很好地体现出来，决定孩子未来收入或职业选择的关键因素就是父母的人力资本水平以及收入状况（G. S. Becker and N. Tomes[51], 1979; A. V. Banerjee and A. F. Newman[52], 1991）。M. Bertrand and J. Pan 等（2013）[53]，J. Guryan 等（2008）[54]发现父母的受教育程度对于子女教育的参与程度以及其他后天表现（如升学率、考试成绩以及进入劳动力市场后的工资收入）存在着显著的正向影响。高收入家庭对子女的教育投资能力越强，子女获得较高收入的可能性就越大；而贫困家庭和个人则无力投资于教育，从而导致收入更低，陷入"贫穷陷阱"，最终造成收入分配的两极分化。

在大多数学者较悲观地看待教育的固化效应时，少数学者却持积极乐观的态度，充分肯定了教育在缩小收入差距、促进代际收入流动方面的积极作用（郭丛斌、闵维方，2007）[55]。

截至目前，国内关于人力资本与收入问题的研究更多集中于人力资本差异所造成的收入差异方面，并延伸至教育公平方面。但是，王春光（2003）[56]认为，中国社会的不平等问题不只存在于经济收入方面，许多经济收入差距是由职业流动中的不平等带来的。实际上，目前职业流动中的不平等问题在中国相当突出，但却没有引起足够的重视和关注。因此，经济收入差距问题，不能仅仅停留于经济收入层面，还需要从职业流动方面进行研究，不解决职业流动中的不平等问题，就难以缩小收入差距，难以降低整个社会的不平等程度。

（二）人力资本的社会功能

早期的人力资本理论从国家和个人收入角度对教育的经济功能做了大量的论证和检验，之后，功能主义学派从社会稳定的角度讨论了教育的筛选功能，冲突主义学派从社会公平角度讨论了教育的身份识别功能和再生产功能。

1. 教育的筛选功能

教育体系具有选拔和筛选人才的功能，这种功能是社会系统顺利运行的需要，是社会正常流动的保证。功能主义者特纳（1960）[57]以英国赞助性人才选拔模式与美国流动性人才选拔模式为例，比较了不同教育机会分配制度下学生教育机会获得的差异，认为教育制度具有一种普遍性分层功能，它由升迁性流动规范影响社会价值观，从而直接或间接地形成学校分层制度。霍珀（1971）[58]吸收了特纳关于教育选择的思想，并认为教育的主要功能就是筛选。但是，教育选择制度嵌入在社会体制之中，青少年时期的教育机会获得差异可能会导致他们成年以后的社会经济地位差异，因此，教育筛选功能背后可能产生的社会意义亦不容忽视。

2. 教育的身份识别功能

教育在不同阶段的选拔和分流机制，实际上是教育在某种程度上产生了一种保持和再生产原有社会关系的功能，是社会上层群体维护自身的优势和特权的工具，从而在下一代演化出新的社会不平等结构。

新韦伯主义者认为，教育已经成为个人身份的象征，成为获得某种职业或者进入某个社会阶层的"通行证"。其主要代表人物柯林斯在其文凭社会理论中提出，人们所接受的教育（以学校证书来体现）被用来限制那些社会和经济领域中具有优厚报酬职位的竞争者的数量，并帮助那些享有教育专利的人垄断这些职位。帕金则称文凭主义为排斥性封闭，就像资本主义社会中财产权利的排斥性封闭一样。

3. 教育的社会再生产功能

西方社会学家通过对小学教育起源和中学教育发展历史的研究，认为教育在生产着一个社会的地位系统和社会阶层结构（布尔迪约、帕斯隆，1964、1977）[59]，父母经济地位向子代的传递有一部分是通过教育机会的不平等进行的。

学校教育的功能在于帮助儿童学习和掌握成人社会的价值规范，遵从已有的等级秩序，并认真履行自身的职责。在这样的教育体系中，由于优势阶层的儿童在家庭中已熟知了学校中所传播的那套主流社会价值、态度、语言能力和交往风格等文化资源，因此他们在学校中更容易获得成功。相反，父母受教育程度较低的儿童缺少这种积累，在教育选拔过程中往往败给那些来自拥有统治性文化优势家庭的儿童。而且，较高社会地位家庭的子女所取得的经济优势要远远超出他们已获得的较高教育成就。换句话说，子女未来的职业机会甚至社会地位的获得，取决于他们早期所拥有的教育资源，而早期教育资源的获得，又在很大程度上取决于家庭的经济地位、文化和社会资源。由此，不平等的生产关系与阶级结构被再生产出来，并被合法化。

二 西部农村人力资本形成的理论解释

（一）西部农村人力资本形成与积累的主要影响因素

在人力资本的形成过程中，教育无疑起着基础性的、长期性的决定作用，知识型人力资本是职业获得和职业流动中的重要凭证和动力。青年的教育获得，不仅与个人、家庭背景有紧密联系，也与宏观制度环境密切相关。

当然，个人天赋、性格和努力程度等差异会直接导致同一教育环境下人力资本的差异，这种差异是客观的、必然的，也是为社会所认可的，并不涉及社会公平原则，因此在这里不作为研究重点。然而，父母职业、家庭经济地位和社会地位等家庭背景对子女教育机会获得所产生的直接或间接影响，则为社会所诟病，被认为有悖社会公平原则，是学术界集中关注的焦点。布劳—邓肯的职业地位获得模型（1964）[60]以家庭资源的多寡来解释其子女的教育成就，即从微观视角以家庭资源秉赋理论解释知识型人力资本的形成。我国学者李煜（2006）[61]则对家庭背景影响子女教育获得的机理进行了更进一步的分析，认为家庭背景通过三种作用模式影响其子女的教育获得：①文化再生产模式。父母通过教育期望、文化资本和人力资本对子女的学习过程产生影响，比如，受教育程度较高的父母对子女的教育期望高，能够给予子女及时的学习辅导和引导，间接地提高子女的学业成绩。②资源转化模式。一方面，拥有权利资源或者经济资源优势的家庭，可以获得或垄断某种优质教育资源；另一方面，低阶层家庭可能因为较高的机会成本或教育风险（如就业风险）而自愿退出对教育资源的争夺。③政策干预模式。国家的某些政策可能会打破优势家庭对优质教育资源的垄断，使教育机会向低阶层家庭倾斜。

正如李煜所言，知识型人力资本的形成不能单单从微观角度考察，因为影响知识型人力资本的形成，除了上述个人、家庭等微观方面的因素之外，还有社会文化、制度条件等宏观因素。第一，经验型人力资本的形成需要灵活开放的劳动用工制度。正如阿罗的"干中学"理论所言，劳动者只有在不断的工作实践中，才能逐渐积累工作经验。这个道理看似简单，可是在劳动力市场中实践起来却很难。且不说我国劳动力市场上体制内和体制外市场的界限与鸿沟，仅就职业获得机会分配看，足见青年尤其是农村青年职业获得的艰难。很多企业不愿意接纳没有工作经验的员工，它们录用员工的基本标准是有工作经验。但是在提拔标准中，员工的受教育程度又成为晋升的基本条件。在实践中，这种互相矛盾的用工制度，一方面，造成了青年就业难的现象；另一方面，使有实践经验但文化程度不高的员工遭遇职业上升的"天花板"，从而加剧了劳动力市场职业流动的障碍和阻力。此外，频繁的工作转换也不利于经验型人力资本的形成。据调查，青年的工作稳定性差，转换频率高，因此，连续工作积累经验的可能性就比较小。同时，这种高频率的转换也不利于企业员工队伍的稳定。总而言之，灵活而人性化的员工制度有利于经验型人力资本的形成。

第二，健康型人力资本的形成需要健全的社会医疗卫生保障制度。其中，健全的劳动保障制度通过规范的程序和流程对劳动者的工作环境、人身健康与安全保护做出具体规定，可以最大程度地减少人身伤害事故的发生；医疗卫生制度主要对劳动者的就医费用予以一定程度的分担，从而减轻劳动者的医疗成本。这两种基本社会制度是健康型人力资本形成的制度保障和物质基础。

第三，知识型人力资本的形成不仅受到个人、家庭等微观因素的影响，更离不开招生制度、财政投资等宏观制度的支撑。在教育资源存在差异的情况下，优质教育资源的分配规则直接关系到个人的教育机会获得和最终的人力资本水平。20世纪80年代以来，我国在教育领域进行了一系列改革，高等教育投资制度由国家助学金到个人成本分担制，由普通投资到重点扶持重点高校、重点学科；义务教育投资制度也经历了多次改革，投资主体在基层政府—地方财政—国家财政之间多次变换，最终导致教育资源在高等教育之间、基础教育之间、城乡之间存在很大差异。也就是说，在人力资本形成过程中，教育投资制度形成的教育资源差异非常明显。同时，教育评级制度也在高等教育和义务教育阶段形成了重点院校和非重点院校的划分，导致社会对优质教育资源的崇尚和追逐。当然，从人才选拔和人才培养的角度看，高等教育的层级排名无可非议，但是，基础教育阶段的层级分布导致了各个城市的"择校热"，并且这种风气有向农村蔓延的趋势，"乡村学校萎缩，县镇学校膨胀"的现象已经普遍存在。而基础教育资源的获得在很大程度上影响着高等教育资源的获得。

总体考察，宏观制度环境对个体人力资本的形成有更强大的影响力，"家庭背景因素对个人教育获得影响程度的高低变化，充分体现了政府政策及意识形态变化对教育机会分配机制的强烈影响"①。

（二）西部农村人力资本形成中教育机会的分配与获得

1. 教育机会分配的公平性

教育在人力资本形成过程中起着基础性的推动作用，教育机会获得是人力资本形成的起点。各国政府的教育机会分配制度在机会"给予"方面尽力做到公平公正，通过机会均等保证起点公平。但是，绝对的机会均等往往意味着不平等，就像中国的高考招生一样，如果全国使用统一试卷，采用统一录取分数线，那么偏远地区、人口大省的高考录取率必然很低，这样一来，这些地区的青年反而丧失了通过高考改变命运的机会。因此，在教育机会分配时，各国都是机会均等原则和补偿原则并用，通过某些特殊政策向特殊地区、特殊人群倾斜。无论是机会均等的制度安排还是补偿性制度安排，都是为了实现教育公平原则。

客观地讲，恢复高考制度以来，我国高等教育领域取消了针对家庭出身（"文化大革命"时的阶级划分）的歧视制度，各级教育机会分配制度都是开放的，并没有针对城乡、民族、性别、家庭政治出身等设置歧视性"门槛"，而且政府在各级教育机会分配制度中力求体现教育起点的公平和公正原则。不仅如此，近十多年来，为了增加偏远地区和少数民族青年的受教育机会，我国还制定了补偿性招生制度，如少数民族加分政策，西部人才培养计划等，这些政策极大地改善了这些地区的整体人力资本水平。

2. 教育机会获得的差异性

作为教育供给方的政府，制定教育机会分配制度的基本目标是"让每个人都有机会通过教育改变自身命运"②，努力实现教育公平。然而，人力资本形成过程是教育机会"给予"和教育机会"获得"两方面合力作用的过程。人力资本的最终形成，还需考察教育"获

---

① 李春玲：《社会政治变迁与教育机会不平等——家庭背景及制度因素对教育获得的影响（1940—2001）》，《中国社会科学》2003 年第 3 期。

② 李克强：《让每个人都有机会通过教育改变自身命运》，《中国农村教育》2015 年第 3 期。

得"状况，即教育机会的分配结果。

从教育机会的"获得"结果看，我国城乡之间、城乡内部的教育机会"获得"结果差异很大，农村青年获得优质教育资源的机会明显减少已是不争的事实。有关研究结果显示，20 世纪 90 年代以来，在国家重点大学招收的新生中，农村学生比例呈下降趋势。例如，1999 年北京大学农村学生比例为 16.3%，比 1991 年减少 2.5 个百分点；2000 年清华大学农村学生的比例为 17.6%，比 1990 年减少 4.1 个百分点。与重点高校农村学生比例下降的事实相反，在非重点的地方院校和初、中等职业教育领域，农村学生所占比重明显增加。例如，2003 年，唐山学院等高校在校生中，农村学生占到 63.3%，比 2001 年高出 7.9 个百分点[①]。2012 年，全国中等职业学校农村户籍的学生占在校学生总数的 82%，父母为农民、工人的学生占调查总数的 80%。

显然，从教育机会的"获得"状况看，城乡教育机会分配结果呈现很大差异，城市青年集中于名校的比重增加，农村青年获得优质教育资源的机会明显减少，基本沉积于同类教育的中下层。长期的城乡教育差异，形成了青年的人力资本差异，而人力资本差异必然会于青年成年以后在就业、收入等方面反映出来。由此看来，正如我国学者韩俊所言，城乡差异的根源在于教育差异。

3. 教育机会供给目标与结果错位的制度性原因

城乡各级教育，尤其是高层级教育的机会获得存在很大差异，这一事实与实行教育机会分配制度的初衷背道而驰。那么，究竟是什么原因造成了教育机会分配制度目标与结果的矛盾呢？

在此，暂且不论教育机会获得过程中的个体差异，因为由于性格、爱好而形成的教育机会获得差异是任何社会都难以消除的。我们需要探究的是形成这种差异的制度性因素。因为，作为制度的供给者，政府必须一视同仁，提供公平公正的政策制度。从这个视角考

---

① 吕诺、张宗堂：《农村学生在重点大学所占的比例呈下降趋势》，新华网，2005 年 2 月 13 日。

察，我国城乡教育机会差异的背后，是教育资源分配的不均衡，而导致城乡教育资源差异的制度原因，是我国教育投资制度的城乡差异。

第三节　教育机会分配制度变迁下西部农村人力资本的分布及变化

教育制度的文化大革命引导着城乡和地区间教育资源分配和教育机会获得的文化大革命，从而导致人力资本水平分布状况的改变，而人力资本水平及其分布状况是影响劳动力就业、社会流动、经济增长等问题的关键因素，所以，通过对人力资本水平这一关键变量的考察，不仅可以了解教育制度变迁对西部农村人力资本存量的影响，而且可以对西部农村劳动力职业流动问题做出解释。

改革开放以来，随着我国教育事业的发展和教育制度政策的变迁，我国西部农村地区的人力资本水平也发生了相应变化。本书使用全国人口普查中教育程度的数据，分四个阶段对 1980—2010 年西部农村地区的人力资本水平进行估算，考察西部农村人力资本水平的分布状况，并在此基础上对西部农村不同时期 25—35 岁青年的人力资本水平进行比较，用实际数据说明教育制度变迁过程中西部农村青年的人力资本水平变化，试图探寻西部农村青年人力资本积累中的制度障碍，从而为提高西部农村人力资本水平提供制度支持。

一　西部农村人力资本水平的估算方法和数据来源

（一）西部农村人力资本水平的估算方法

人力资本水平指的是人力资本在某一时点上的存量水平。尽管许多学者认为医疗保健、技能培训、"干中学"等都可以形成人力资本，但是"教育是人力资本中最大而且是最容易理解的组成部分"[①]，并且教育指标在统计中比较容易得到，再加上数据具有时间上的连续性，因此教育指标在国内外同类研究中被广泛使用。

目前，人力资本水平的测度方法主要有累计成本法、未来预期收

---

① 西奥多·舒尔茨：《改造传统农业》，梁小民译，商务印书馆 1987 年版。

益法、教育存量法和综合法四种。其中，累计成本法是将个体在人力资本积累过程中的各种投入作为人力资本的衡量指标，通过加总的方式得到地区总体的人力资本水平，国内外学者周天勇（1994）[62]、沈利生（1999）[63]、C. Dagum 和 D. J. Slottje（2000）[64]、侯风云（2007）[65]、钱雪亚等（2004[66]、2008[67]、2013[68]）等都使用了累计成本法估算人力资本水平。

未来预期收益法将人力资本视作劳动者具有的、能够为其带来永久性收入的能力，估算其永久收入，并按照折现的方法测算出人力资本的现值。未来预期收益法的基本思路是，劳动力当期人力资本存量是由当期人力资本特征决定的，如教育、年龄、工作经验等，明塞尔的人力资本收入方程就是这一方法的典范，柏培文（2010）[69]根据这一方法建立了如下方程：

$$lnW_t = \beta_1 X_t + \beta_2 Y_t + \varepsilon_t$$

其中，W_t表示职工平均工资水平，向量 X、Y 分别表示不同时期的人力资本特征变量和其他控制变量，人力资本特征变量主要包括平均受教育年限、平均工作经验及其平方项，控制变量包括人均固定资产、科技资本存量对致等变量；向量 β_1、β_2 分别表示相应的回归系数。

这一方法能直接体现人力资本的内涵和市场价值，但是由于其应用依赖于详细的统计数据支持，目前国内使用该方法核算人力资本的文献并不常见，D. W. Jorgenson 等（1989）[70]、C. B. Mulligan 和 X. Sala – I – Marlin（1997）[71]、朱平芳和徐大丰（2007）[72]、李海峥等（2010）[73]均使用了这种方法。

教育存量法是目前人力资本研究中最为常见的一种方法。教育存量指标大体可以分为三种：平均受教育年限（蔡昉，2002[74]；王美艳，2005[75]）、受教育年限总和（王金营，2001[76]；胡鞍钢，2002[77]）、教育相对指数（Soukiazis，2012[78]；B. Fleisher 等，2010[79]）。实际中，教育相对指数的选取非常多样，不易达成共识，而平均受教育年限与教育年限总和两项指标在本质上具有一致性，应用比较普遍。

值得注意的是，近几年研究人力资本量化的学者提出了人力资本的综合度量方法，欧盟成员国较早使用"综合人力资本指数"衡量各国的人力资本水平，李海峥等（2013）[80]将J-F收入法①与扩展的明塞尔模型相结合，构建了新的人力资本估算方法，王询和孟望生（2014）[81]采用多元综合法建立了多维的人力资本综合测度体系。

在上述人力资本水平的估算方法中，累计成本法因人力资本投资的长期性、人力资本折旧的难以度量性等问题，人力资本测算结果差异较大。未来预期收益法通过现期收入推算未来收入有很大的不确定性，收入折现率的确定也是这种方法的一大难题，此外，人力资本的许多外部性效果也难以单纯通过收入体现出来。综合法目前处于探索阶段，尚未形成系统的方法体系。虽然教育存量法忽略了知识的积累效应，但是，一方面，教育存量能够体现人力资本投资的情况，另一方面，教育存量对未来收入具有一定程度的决定作用。因此，使用教育存量水平作为人力资本的衡量指标具有一定的合理性。本书采用教育年限法，选取平均受教育年限这一指标衡量人力资本水平，具体方法如下：

$$HC_t = (\sum_{i=1}^{7} HE_{it} \times hi)/L_t$$

其中，HC_t表示t时期的人力资本存量，HE_{it}为t时期第i层学历劳动者的人数，$i=1$，2，…，6，7分别表示未上过学、小学、初中、高中、大学专科、大学本科、研究生7个受教育程度的受教育年限，分别为0，6，9，12，15，16，19，hi为第i种学历水平的受教育年限，L_t为t时期的劳动力总量。需要说明的是，分年龄阶段计算人力资本存量水平时，L_t为该年龄阶段的劳动力数量。

（二）西部农村人力资本水平的数据来源

本书中，各时期劳动力受教育程度数据均来源于各省份第六次人口普查的数据。对不同时期青年出生年份的推算，可以用调查年份减

---

① J-F收入法：Jorgenson-Fraumeni 终生收入法。方法参见：Dale W. Jorgenson and Barbara M. Fraumeni, "The Accumulation of Human and Nonhuman Capital, 1948-1984", *National Bureau of Economic Research*, 1989: 227-286.

去被调查人当年的实际年龄。例如，1980 年 15—30 岁的青年，其出生年份应该是 1950—1965 年；第六次人口普查（2010 年）中 45 岁劳动力人口即为 1965 年出生的群体，以此类推，可以分别计算各时期劳动力的人力资本水平。受教育情况分为未上过学、小学、初中、高中、大学专科、大学本科、研究生 7 个层次。其中，本书中所提到的初等教育只包括小学教育阶段，中等教育分为初中、高中两个阶段，高等教育指大学专科及以上教育阶段。

在城乡人力资本水平的比较中，城市数据不包含镇级数据。西部包括陕西、甘肃、宁夏、青海、新疆、四川、云南、贵州、重庆、西藏、广西、内蒙古 12 个省份。

二　西部农村人力资本的总体水平及其变化

在 1980—2010 年的 30 年里，西部农村人力资本水平、人力资本构成、人力资本的性别差异和城乡差距都有一定程度的改善，人力资本增速较为稳定。

（一）主体劳动力的人力资本水平有所提高

1980 年以来，西部农村小学及以下教育水平的劳动力比例下降明显，截至 2010 年底，文盲劳动力比例已经降到 5.4%，初等教育劳动力比例减少了 17.4%，中等教育劳动力比例增加了 29.5%。这些变化与西部农村地区义务教育普及率得到的较大提升有关。1993 年，国家通过《中国教育改革和发展纲要》，确立了"两基"的目标，即基本普及九年义务教育，基本扫除青壮年文盲。2006 年，农村义务教育发生了深刻变化，"两免一补"政策使得农村学子受益非常明显。教育部统计数据显示，西部地区 2000 年义务教育普及率仅有 70%，2013 年底已达到 98%。从图 3-2 中西部农村数据也可以看出，我国西部农村义务教育状况显著改善，2010 年义务教育完成比例比 1980 年增长了 31.6%。

西部农村高等教育劳动力比例在 2000—2010 年中增长最为明显，2000 年时，我国西部农村高等教育劳动力比例仅为 1.6%，2010 年增长到了 2.6%，快于以往任何时期。我们进一步将劳动力按年龄进行划分，发现在青年人口中，高等教育劳动力比例增长最为显著，20—

30 岁劳动力中高等教育劳动力比例大约增加了 6%，农村高等教育水平的劳动力增长与农村青年接受高等教育机会增加有密不可分的联系，1999—2009 年是我国高校扩招速度最快的十年①，全国高校招生规模年均增长率达到 19.3%，招生规模的迅速扩大给西部农村青年接受高等教育提供了更多机会，促进了西部农村人力资本的较快增长。

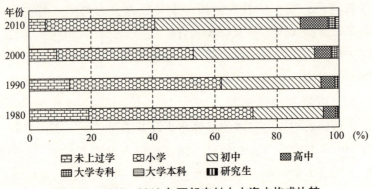

图 3 - 2　1980—2010 年西部农村人力资本构成比较

（二）西部农村的人力资本差距有缩小的趋势

根据平均受教育年限数据，我们计算出西部农村 12 个省份 30 年间教育基尼系数的变化情况（见图 3 - 3），1985 年之后，西部农村地区教育基尼系数下降较快，并且长期处于较低水平，这可能与西部农村人力资本水平普遍较低有一定关系，但是这也客观地反映了 30 年间我国西部农村的教育不断广泛化的过程，义务教育迅速普及，高等教育增长相对较缓，因此平均受教育水平出现较集中的趋势，具体可以从省际人力资本差距缩小和性别人力资本差距缩小两个方面说明。

1. 省际人力资本水平差距缩小

从西部省际农村人力资本差距变化来看，如图 3 - 4 所示，西部 12 个省份农村人力资本存量和增长情况呈现一定规律：统计初期人力

---

① 教育部全国历年高校录取数据：从 1999 年开始，高校扩大招生和录取规模，1998 年全国高等院校录取人数约为 108 万，增长率为 8.00%。1999 年时录取人数上升到 160 万，增长率为 48.15%。直至 2006 年，录取人数增长率一直保持在 10% 以上。2007 年国家开始限制高校扩招规模，但由于教育惯性等原因，2009—2014 年录取人数仍维持在 600 万—700 万人。

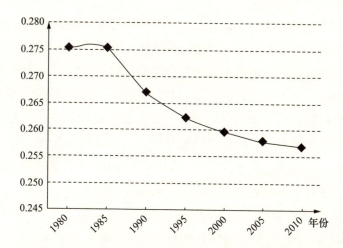

图 3 - 3 1980—2010 年西部农村地区劳动力教育基尼系数变化

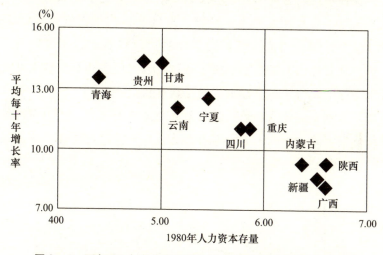

图 3 - 4 西部 12 个省份农村地区人力资本存量和增长率比较

注：1980 年西藏农村平均受教育水平为 2.3 年，平均每十年的增长率为 24.1%，数据较为极端，影响其他省份数据的观察，所以未在图中标注，在此补充说明。

资本水平较高的省份，人力资本增速较慢；统计初期人力资本水平较低的省份，人力资本增速较快。12 个省份明显地被分成了三种类型：第一种是高人力资本存量—低增长率的省份，有广西、新疆、陕西、内蒙古；第二种是低人力资本存量—高增长率的省份，有西藏、青海、贵州、甘肃；第三种是位于两者之间的中等人力资本存量—中等增长率的省份，有重庆、四川、宁夏、云南。

第一种类型的省份，农村人力资本在早期有较好的积累，但是由于积累速度较慢，人力资本存量上的优势逐渐减弱，而且四个省份之间的人力资本差异渐趋缩小；第二种类型的省份，农村人力资本水平增长较快，但人力资本初始存量与其他省份有一定的差距，因此总体水平仍然较低；第三种类型的省份，人力资本初始水平和人力资本增速都处于中等水平，若能够维持目前的人力资本增长速度，有可能追赶甚至超过西部人力资本存量较高的省份。西部三类省份人力资本增长的趋势解释了西部农村人力资本差距缩小的原因。

2. 西部农村地区人力资本的性别差异逐渐缩小

1980 年到 2010 年，西部农村平均人力资本水平增长了约 2.1 年，其中，女性平均人力资本水平增长了 2.5 年，男性平均人力资本水平增长了 1.6 年，女性人力资本的增长速度明显快于男性。从图 3-5 中男性与女性劳动力人力资本的变化趋势可以看出，随着时间的推移，男性和女性人力资本水平曲线渐趋收敛，说明西部农村女性在教育发展中逐渐获得了与男性平等的受教育机会，西部农村人力资本水平呈现出性别平等化的趋势；随着劳动力的自然更替，人力资本性别差异会逐渐消除，女性人力资本水平甚至有可能超过男性。西部农村

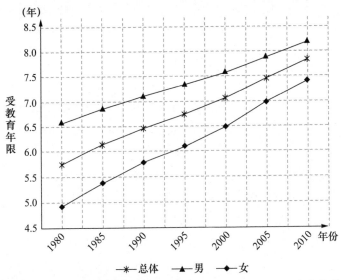

图 3-5 1980—2010 年西部农村地区平均人力资本水平变化趋势

人力资本的性别差异的变化趋势解释了西部农村人力资本差距缩小的原因。从上述分析可以发现，西部农村地区人力资本水平省际差距的缩小和性别平等化的趋势，与西部农村人力资本整体差距的缩小具有内部一致性，图3-3与图3-4、图3-5所反映的结果是相对应的，综合人力资本的性别平等化以及各省份人力资本增长速度判断，西部农村的人力资本差距必然呈现出缩小的趋势。

三 不同时期西部农村人力资本水平的分布及其变化

30多年里，西部农村的人力资本水平有了很大提高，性别、省际差距有缩小的趋势。如果我们通过适当的时间节点追踪人力资本的分布与变化轨迹，就能更清楚地把握西部农村人力资本变化的脉络和特征。

（一）1980年西部农村人力资本水平分布

根据受教育年限法测算，1980年我国西部农村劳动力的平均受教育年限为5.77年，其中男性平均受教育年限为6.60年，女性为4.92年，二者的受教育年限差异高达1.68年。

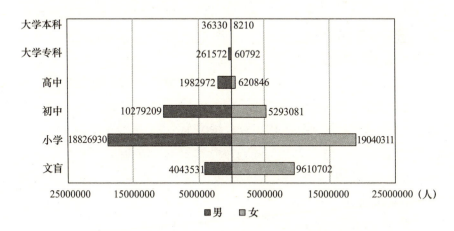

图3-6 1980年西部农村劳动力受教育情况金字塔图

从1980年西部农村劳动力受教育情况金字塔图（见图3-6）可以看出，1980年西部农村劳动力人力资本水平表现出以下特征：第一，劳动力整体受教育程度低。西部农村小学教育程度的劳动力占总劳动力的54.04%，加上从未受过教育的劳动力人数，已超过劳动力总量的70%。而且从学历层次分布看，西部农村小学、初中、高中、大学专科、大学本科人数之比为100∶41.1∶6.9∶0.85∶0.11，由此可以估算出，1980年西部农村每100个小学生中大约有7个人能够完成中等教育，最终大约只有1个人能够完成高等教育。第二，文盲比例尤其是性别差异大。1980年西部有近1/5的劳动力从未接受过正规教育，男性与女性文盲比例差异很大，其中男性劳动力文盲率为11.41%，女性为27.75%。根据同时期西部城市、全国农村的文盲人口计算得出，1980年时我国劳动力中的文盲人口有37.43%分布在西部地区，西部劳动力中的文盲人口有91.2%分布在农村地区，而西部农村的文盲又有69.41%都是女性，所以西部农村劳动力，尤其是女性劳动力是八十年代扫盲的重点。

所以，1980年西部农村劳动力的总体文化水平低，主要劳动力以小学及以下文化程度为主，文盲劳动力占比很高，这一阶段提高西部农村人力资本水平的重点在于开展扫盲教育，降低低层次人力资本群体所占比例，普及义务教育。西部农村地区在20世纪80年代曾经被列为全国扫盲工作的重点区域，西部农村劳动力尤其是女性劳动力成为重点帮扶人群。

（二）1990年西部农村人力资本水平分布

根据受教育年限法测算，1990年西部农村劳动力的平均受教育年限为6.47年，其中男性平均受教育年限为7.13年，女性为5.79年；与1980年相比，西部农村劳动力平均受教育年限增长了0.7年，男性平均受教育年限增长了0.53年，女性增长了0.87年，女性人力资本增速快于男性。

从1990年西部农村劳动力受教育情况金字塔图（见图3-7）来看，1990年西部农村人力资本水平表现出以下特征：第一，总体受教育程度上升。表现在初等教育程度的劳动力比例下降，中等教育程度的劳动力比例大幅提高，高等教育程度的劳动力比例缓慢增长。西部农村小学教育程度的劳动力比例下降了约4%，而中等教育程度的劳动力比例提高了近10%，高等教育劳动力比例变动幅度很小，仅比

1980 年提高了 0.3%，高、中、低学历层次劳动力仍呈正金字塔形分布，即西部农村劳动力中低学历劳动力比重较大、高学历劳动者比重较小，但是受教育程度的金字塔位置整体上移。第二，文盲比例尤其是性别差异依然较大。1990 年西部农村与全国农村相比，文盲比例反而有所提高。90 年代西部农村，女性的受教育状况有所改善，男性与女性文盲比例差距缩小到 11.07%，女性文盲比例降低了近 9 个百分点。同时根据 1990 年数据计算得出，1990 年我国劳动力中的文盲人口有 41.44% 在西部地区，比 1980 年反而提高了 4.01%，并且仍然有 92.12% 在农村地区，其中 70.17% 是女性。所以，西部农村劳动力文盲人口比例，无论是地区分布还是性别分布，都有上升的趋势。

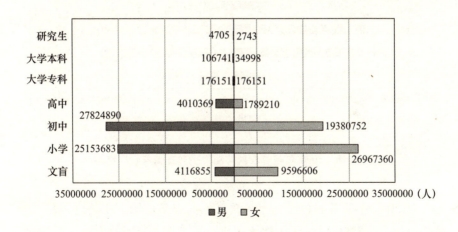

图 3-7 1990 年西部农村劳动力受教育情况金字塔图

总之，1990 年西部农村劳动力的总体人力资本水平有所上升，主要劳动力中具有初中以上文化程度的人数明显增加，但是文盲率和性别差异仍然较大。所以，促进总体人力资本水平向中等水平推进是 20 世纪 90 年代农村教育的重要任务。

（三）2000 年西部农村人力资本水平分布

2000 年西部农村劳动力的平均受教育年限达到 7.07 年，其中男性平均受教育年限为 7.60 年，女性为 6.51 年，与 1990 年相比较，男性平均受教育年限增长了 0.47 年，女性增长了 0.72 年，女性人力资本增速快于男性。特别需要指出的是，西部农村劳动力中文盲的绝对数量明显下降，文盲比例下降了 4.27%，初等教育人口比例降低到 50% 以下。与上一阶段不同，初中教育阶段人口增速减缓，高中教育阶段和大学教育阶段人口比重增速有所提高，但高等教育劳动力所占比重仍然很小。

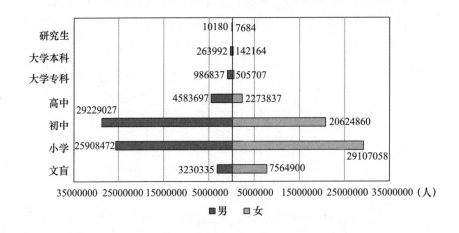

图 3 - 8   2000 年西部农村劳动力受教育情况金字塔图

从 2000 年西部农村劳动力受教育情况金字塔图（见图 3 - 8）来看，2000 年西部地区的人力资本水平分布情况不容乐观：第一，劳动力受教育程度没有明显变化。中等教育（包括初中和高中）与初等教育劳动力比例大体相当，高等教育劳动力比例仅为 1.6%。各学历劳动力中，小学、初中、高中、大学专科、大学本科、研究生人数之比为 100∶90∶12∶2.7∶0.7∶0.03，西部农村初中教育的普及率较高。这说明国家从 1986 年开始实行的强制性义务教育取得了一定成效，但是高中劳动力比例非常低，高中与初中劳动力数量之比甚至小于大学与高中劳动力数量之比。第二，西部农村文盲劳动力在全国范围的比重仍有上升趋势。与全国其他地区相比，1980 年我国劳动力中文盲有 37.43% 在西部地区，2000 年这一比重已经增加到 46.66%，20 年内增加了近 10 个百分点，同时在西部城乡分布中，有 93.12% 的文盲劳动力仍然滞留在农村。第三，人力资本的性别差异逐步缩小。劳动力男女平均受教育年限的差距越来越小，随着农村生产方式、思想观念、工作性质等的改变，人力资本的性别差距逐步缩小，人力资本性别差距平均缩小了 0.25 年，但是在西部偏远地区，以西藏地区为例，1980 年以来女性受教育状况几乎没有改善，女性与男性平均受教育年限的差距在 20 年里仅缩小了 0.03 年，所以西部偏远地区农村的女性教育需要引起重视。

总之，2000 年西部农村人力资本分布的特征是：高等教育劳动者所占比重低，农村是文盲的主要分布区，偏远地区女性教育状况改善缓慢。进入 21 世纪后，提高西部农村劳动力人力资本水平的关键在于提高高中和高等教育劳动力比例，也就是提高非义务教育阶段的入学率。扫除文盲和加强西部偏远农村女性教育仍是西部农村需要长期坚持的工作。

（四）2010 年西部农村人力资本水平分布

2010 年，从受教育程度看，西部农村人力资本水平发生了根本性变化。一方面，中等教育劳动力比例首次超过了初等教育劳动力比例，各学历劳动力中，小学、初中、高中、大学专科、大学本科、研究生人数之比达到 100∶135∶23∶5∶1.7∶0.05，人力资本学历分布由正金字塔形向"苹果形"（中间大，两端小）过渡（见图 3-9）。另一方面，各个学历层次的人力资本性别差异在不同程度地缩小，2010年西部农村劳动力的平均受教育年限为 7.83 年，男性平均受教育年限为 8.21 年，女性为 7.42 年，与 2000 年相比，男性平均受教育年限增长了 0.61 年，女性增长了 0.91 年。

但是，从 2010 年西部农村劳动力受教育情况金字塔图（见图 3-9）看，有三点需要引起关注：第一，文盲人口在西部农村的比重仍在上升。第六次人口普查时，全国人口仅有 27.04% 分布在西部地区，与此形成鲜明对比的是，2010 年，全国文盲人口有 51.56%分布在西部地区，比 2000 年的分布比重又提高了 4.9%，并且这其中又有 93.22% 分布在西部农村，69.43% 都是女性。第二，西部农村高等教

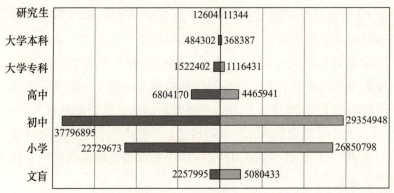

图3-9 2010年西部农村劳动力受教育情况金字塔图

育劳动力增长十分缓慢。2010年高等教育劳动力比例仅为2.59%，十年间仅增长了近1个百分点，这与高等教育入学率的快速增长是不相称的。2010年西部各省的高等教育毛入学率已超过20%①，同期，全国受过高等教育的劳动力比例已达到10%②。西部农村人力资本水平偏低，一方面，可能是西部农村人才大量流入城市和经济发达地区所导致，另一方面，可能是由西部农村学生高等教育入学率偏低所导致。第三，总体人力资本性别差距几乎不存在。随着男性与女性受教育机会逐渐平等化，人力资本性别差异会逐渐消除，2010年西部农村25岁以下劳动力中，女性受教育年限与男性差距已不足0.1年。

总之，这一阶段西部农村人力资本水平增长比较缓慢，落后于同期经济发展水平，所以，未来一段时期内，要想提高西部农村人力资本水平，需加大西部农村地区教育投入，平衡经济发展和教育发展的关系，重视未来人力资本的投资。

---

① 数据来源于2010年各省份国民经济和社会发展统计公报中教育部分，西部12省高等教育毛入学率具体数据如下：陕西31%、重庆30%、青海26.17%、宁夏25.1%、四川25%、新疆25%、西藏23.4%、内蒙古23.1%、甘肃22%、云南20.2%、贵州20%、广西19%。

② 国务院新闻办公室：《中国的人力资源状况》（白皮书）［DB/OL］.2010年9月10日。

四　小结

在 1980—2010 年的 30 年间，从空间维度考察，西部农村的总体人力资本水平在不断提高，各省人力资本存量水平与其经济发展程度排序较一致，各省人力资本增长率与人力资本存量存在一定的负相关关系，省际差异有缩小的趋势。从时间维度考察，在人力资本的学历结构上，西部农村地区人力资本分布呈从"正金字塔形"向"苹果形"变化的趋势，即低学历人力资本比例下降、中等学历人力资本比例上升，高等学历人力资本缓慢增长。其中，在文盲劳动力分布上，西部农村成为文盲劳动力的重灾区，我国的文盲劳动力高度集中在西部农村，并且比例不断上升；在人力资本的性别分布上，女性平均人力资本水平增长速度快于男性，西部农村人力资本水平呈现性别平等化趋势，人力资本的性别差异问题会随着社会发展和人口自然更替逐渐消失，不应作为研究的重点，但需要注意的是，西藏、青海等地区农村女性人力资本水平很低，提高偏远地区农村女性受教育水平任务仍很艰巨。

从人力资本结构分析中可以看出，西部农村提高人力资本水平的关键在于增加中等教育劳动者比重，缩小文盲和初等教育劳动者规模。只有建立和完善高质量的农村基础教育，才能夯实根基，为高等教育提供稳定的生源，提高西部农村高层次人力资本数量，改善人力资本水平的分布状况，缩小人力资本的地区和城乡差距。

第四节　教育机会分配与西部农村青年人力资本水平的实证分析

一　西部各省份教育机会分配与人力资本水平的相关性分析

在 1980—2010 年的 30 年间，西部农村教育事业取得了较快发展，人力资本水平也有了一定程度的提升，教育公平程度越来越引起学者们的关注，教育机会分配是影响教育起点公平的关键因素。目前，教育基尼系数被用来衡量教育资源分配的公平状况。前文调查数据（见图 3 - 3）显示，在西部农村人力资本水平提高的同时，教育基尼系数呈下降趋势。那么，西部农村人力资本水平的普遍提高，是不是教育机会供给扩大的结果？人力资本与教育机会分配之间是否存在因果关联，这将关系到对我国教育制度的总体评价和农村教育的未来发展。

（一）指标选取和测算方法说明

在以往的文献中，关于教育机会分配的研究大体可以分为两种类型：一种是着眼于家庭出身、政治面貌、个人能力等因素在入学、升学中所发挥作用的大小（杜瑞军，2007[82]；陈晓宇，2012[83]；闫广芬等，2012[84]），从而考察教育资源在不同社会阶层中的分配情况；另一种则直接采用教育投资、升学率等指标，或者间接计算教育年限标准差、教育基尼系数等，研究教育机会分配变化及不平等情况（杨俊和李雪松，2007[85]；Andrés Rodríguez - Pose and Vassilis Tselios，2010[86]；张丽，2010[87]）。大多数研究只是将教育机会分配作为一种结果变量进行考察，而很少有人将教育机会分配作为解释变量，分析其与人力资本、收入等变量的关系。

估算教育基尼系数使用的指标大体分为两大类：一类是使用教育投入指标估算教育基尼系数：江文涛（2006）[88]基于各省1995—2001年农村初中及小学的公共投入支出测量教育基尼系数的变化；戴文静等（2012）[89]选取了2009年我国各地方高职院校各项生均教育经费支出来计算教育基尼系数；孙慧玲等（2014）[90]以1996—2007年全国特殊教育的生均教育事业性数据来计算这一区间的教育基尼系数。另一类是使用教育成就指标估算教育基尼系数：黄晨熹（2011）[91]计算了1982—2005年分性别的平均受教育年限和教育基尼系数；张航空等（2013）[92]采用我国历次全国人口普查数据，衡量了我国教育基尼系数的变化情况；孙百才等（2014）[93]基于2002—2012年各地区的平均受教育年限的基尼系数来测度地区间的教育公平问题。由此可见，教育投入指标中的生均教育经费和教育成就指标中的受教育年限是计算教育基尼系数的主要指标。但生均教育经费的计算在较大程度上依赖于地区的人口数，导致衡量教育机会分配具有较大的不确定性，因此以受教育年限来计算教育基尼系数，以教育机会分配的最终结果（成年劳动力的受教育年限）推测和判断西部农村教育机会的分配情况。

本书使用孙百才（2009）[94]教育基尼系数的计算方法，测算西部农村的教育机会分配状况①，具体公式如下：

$$EGINI = \left| \sum_{i=1}^{7} (CEA_i \times POP_{i+1} - CEA_{i+1} \times POP_i) \right|$$

其中，$i=1$，2，…，7，$EGINI$ 表示教育基尼系数，CEA_i 为教育成就累积百分比，公式为：

$$CEA_i = \sum_{i=1}^{7} EA_i \qquad i = 1,2,\cdots,7$$

EA_i 为各级教育成就百分比，计算公式为：

$$EA_i = \frac{EY_i \times POP_i}{\sum_{i=1}^{7} (EY_i \times POP_i)}$$

其中，POP_i 表示各受教育层次人口数，EY_i 为 0，6，9，…，19，即各级教育的受教育年限。

（二）数据说明

表 3-1　西部各省份农村劳动力人力资本水平和教育基尼系数

年份	1980		1990		2000		2010	
省份	平均受教育年限	教育基尼系数	平均受教育年限	教育基尼系数	平均受教育年限	教育基尼系数	平均受教育年限	教育基尼系数
陕西	6.60	0.325	7.24	0.300	7.84	0.282	8.62	0.269
甘肃	5.00	0.402	5.80	0.360	6.45	0.333	7.46	0.301
宁夏	5.45	0.383	6.31	0.345	6.95	0.318	7.77	0.294
青海	4.39	0.433	5.17	0.391	5.70	0.366	6.43	0.339
新疆	6.52	0.304	7.19	0.284	7.78	0.272	8.34	0.264
四川	5.77	0.336	6.55	0.306	7.08	0.289	7.90	0.275
云南	5.16	0.374	5.90	0.331	6.56	0.303	7.26	0.283

---

① 孙百才：《测度中国改革开放 30 年来的教育平等——基于教育基尼系数的实证分析》，《教育研究》2009 年第 1 期。

续表

年份	1980		1990		2000		2010	
省份	平均受教育年限	教育基尼系数	平均受教育年限	教育基尼系数	平均受教育年限	教育基尼系数	平均受教育年限	教育基尼系数
贵州	4.82	0.401	5.61	0.358	6.32	0.327	7.21	0.298
重庆	5.86	0.325	6.58	0.298	7.11	0.280	8.01	0.266
西藏	2.33	0.570	2.86	0.535	3.46	0.503	4.45	0.456
广西	6.60	0.306	7.21	0.283	7.80	0.268	8.34	0.262
内蒙古	6.37	0.330	7.04	0.303	7.66	0.284	8.31	0.276

注：表中数据由《中国人口统计年鉴》、各省人口普查数据以及《教育统计年鉴》计算得出。

（三）计量模型

因为选取的是面板数据，所以首先需要选择适当的模型以保证参数估计的有效性，采用协方差分析法，通过 F 检验确定是否建立个体固定效应模型。原假设和备择假设如下：

H_0：对于不同个体的模型截距项相同（建立随机效应模型）。

H_1：对于不同个体的模型截距项不同（建立固定效应模型）。

$$F = \frac{(SSE_r) - SSE_u / (N-1)}{SSE_u / (NT - N - 1)} \sim F(N-1, NT-N-k)$$

其中，SSE_r、SSE_u 分别表示混合估计模型和个体固定效应模型的残差平方和。

随机效应模型和固定效应模型各有特点，随机效应模型可以节省自由度，并且能明确地描述出误差来源的特征，而固定效应模型不要求模型中的解释变量与个体效应分量不相关，所以，需要对随机效应模型和固体效应模型的有效性差异进行检验，本书使用豪斯曼检验（Hausman Test），以辨别应选择何种效应模型。

（四）实证结果与分析

从图 3-10 中西部农村教育基尼系数与平均受教育年限的关系来看，两者存在较明显的负相关关系，也就是说，教育机会分配公平性较好的地区，人力资本水平较高；教育机会分配存在较大差异性的地区，人力资本水平较低。这与之前的研究中教育基尼系数逐年减小的

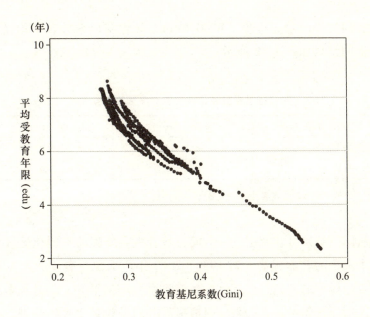

图 3 – 10　1980—2010 年西部农村教育基尼系数与平均受教育年限散点图

结论是一致的，人力资本水平会随着教育机会分配的均等化而得到提高。需要注意的是，模型本身存在一定的不足，由于教育机会分配通过教育基尼系数来体现，所以只反映了教育在数量上的变化和分配情况，教育质量的差异没有得到体现。但是，从逻辑上看，结论是合理的。一方面，随着教育事业的不断发展，上层社会的教育需求逐步得到满足，趋于饱和后，社会下层教育需求将得到改善，从而使社会整体受教育水平得到提高；另一方面，随着社会的发展，教育公平问题逐渐受到关注，越来越多的促进教育公平的政策付诸实践，帮助许多因为经济原因无法实现受教育权利的群体获得教育机会，从而促进了社会平均人力资本水平的提升。

豪斯曼检验（Hausman Test）结果为：

$$chi2 = (b - B)'[(V\_b - V\_B)^{(-1)}](b - B) = 13.07$$

$$Prob > chi2 = 0.0003$$

所以，此面板数据应建立随机效应模型，本书使用广义最小二乘法进行参数估计，整体拟合效果较好，拟合优度 R^2 值达到了 0.92，模型也通过了沃尔德检验（Wald Test），教育基尼系数和平均受教育年限回归结果如表3-2所示。

表3-2　　　　　　　　教育基尼系数和平均受教育年限回归结果

平均受教育年限（edu）	系数（Coef.）	P > ∣z∣
教育基尼系数（Gini）	-24.4151	0.000***
常数（cons）	14.5488	0.000***

注：*** 表示在1%的显著性水平上显著。

从回归结果可以看出，一方面，教育机会分配的平等化促进了人力资本水平的普遍提高。对1980—2010年西部农村劳动力数据运用随机效应模型的回归结果来看，教育机会分配越平等，人力资本水平越高。所以，促进教育公平、普遍提高人们受教育水平的政策，如强制性义务教育、扩大高等教育招生规模等政策，能够提高人们的平均受教育水平，促进国家人力资本的积累。

另一方面，经济较发达的省份，不但人力资本水平较高，教育机会分配也较为平等。例如西部12省中，广西、陕西、新疆、内蒙古等省份的农村劳动力具有较高的受教育水平，教育基尼系数也比较小，所以教育机会分配较为平等；而西藏、青海、贵州、甘肃等省份农村劳动力的人力资本水平较低，教育机会分配在劳动力中的差异非常明显。

（五）小结

1. 教育机会分配与人力资本水平具有明显的相关关系，教育机会分配的平等化能够促进人力资本的积累和人力资本水平的提升

国家制定的教育政策若能改善教育机会分配，促进教育机会获得平等化，就会有助于社会整体的人力资本水平的提高。虽然，实证结果表明，我国西部农村教育机会呈现均等化的趋势，但是综合前文在教育机会分配部分的研究，可以发现，教育机会分配的改善主要是在义务教育阶段，高中阶段以上的教育不平等并没有得到改善。所以，要促进西部农村人力资本水平的提升，关键在于改进高中阶段和高等

教育阶段的教育机会获得情况，促进高中教育资源的公平分配，提高西部农村高等教育的入学率。

2. 在经济欠发达地区，教育状况的改善是教育机会分配平等化、人力资本水平提高的重要手段

相关研究发现，人力资本水平较高的地区往往是那些经济水平较高的地区，而人力资本水平较高的地区，教育机会获得会更加公平，人力资本会向高收益地区流动。因此，就会出现经济发达省份教育机会分配越来越平等，人力资本水平越来越高，而经济欠发达省份教育机会分配越来越不平等，出现人力资本水平越来越低的现象。要改变这种趋势，关键在于改善经济欠发达省份的教育状况，促进教育机会的公平分配，从而提高整体的人力资本水平。

二　西部城乡青年人力资本水平比较及其解释

青年时期是人力资本积累的主要时期①（J. Tyler, R. J. Murnane, F. levy. 1995），一个人青年时期的教育机会获得几乎决定了他一生的人力资本水平。因此，人力资本水平作为教育的结果也可以反过来判断一个人青年时期的教育机会分配和获得状况。当然，人力资本水平表现为人力资本存量的变化，人力资本存量的改变需要一个渐进的过程，也就是说，人力资本需要一段时间的逐渐积累才能体现为人力资本存量的变化，所以人力资本水平变化相对教育机会变化有一定的滞后性。基于以上推理，再结合我国教育制度改革的阶段性特征，分别选取 1980 年、1990 年、2000 年、2010 年四个时间点，以 20—35 岁的青年为样本，考察不同时期西部城乡教育机会分配状况对西部青年人力资本水平的影响。

高等教育机会分配有两个里程碑式的事件，一是 1977 年高等院校在中断 11 年之后恢复了高考招生；二是 1999 年高等院校开始大规模扩招。基础教育机会分配也有两个标志性的时间段，一是 20 世纪 80 年代中后期"分级办学"改革和义务教育的迅速普及；二是 2001

---

① J. Tyler, R. J. Murnane, F. levy, "Are More College Graduates Really Taking 'High School' Jobs?", *Monthly Labor Review*, 1995, 118 (12): 18 – 28.

年开始推行素质教育和城乡基础教育均等化改革。20 世纪 80 年代初期是基础教育分级办学改革的开始，也是恢复高考制度后第一届毕业生走上就业岗位之时。从教育制度改革的阶段性特征看，以 1980 年作为研究的起点较为合理。同时，为了更直观地说明不同时期的教育背景，需要推算出不同时期青年的出生年份。具体公式：青年的出生年份 = 某一时点的年份 - 这一时点的年龄，比如，1980 年为 20 岁的青年，其出生年份 = 1980 - 20 = 1960（年），即这个青年是 1960 年出生的，以此类推，可以计算出不同时期青年的出生年份。

表 3 - 3   不同时期"青年"的出生年份对照表   单位：年

年龄段（岁）	1980	1990	2000	2010
20—24 岁	1960—1956	1970—1966	1980—1976	1990—1986
25—29 岁	1955—1951	1965—1961	1975—1971	1985—1981
30—34 岁	1950—1946	1960—1956	1970—1966	1980—1976

根据表 3 - 3，再结合当时的学制，很容易就推算出不同时期青年接受教育的时间段。根据测算，不同时期的西部城乡青年的人力资本水平（以受教育年限为指标）如下。

从图 3 - 11 可以看出，在 1980—2010 年的 30 年间，西部城乡青年的平均人力资本水平不断增长。2010 年，西部农村青年的平均人力资本水平接近全民九年义务教育水平；西部城市青年的平均人力资本水平接近高中教育水平。但是从城乡比较的视角看，差异依然较大。具体表现见表 3 - 4：

表 3 - 4   西部地区青年人力资本水平的城乡差距   单位：年

年份	西部农村	西部城市	全国平均
1980	5.9	9.2	8.2
1985	6.3	9.6	8.5
1990	6.6	9.9	8.9
1995	6.9	10.2	9.3

续表

年份	西部农村	西部城市	全国平均
2000	7.2	10.6	9.9
2005	7.6	11.0	10.9
2010	8.0	11.2	11.2

第一，西部农村青年人力资本水平严重低于城市青年。从西部青年人力资本水平的城乡对比来看，西部农村青年的平均人力资本水平普遍低于城市青年，1980—2010 年，城市青年的平均受教育年限都在 9 年以上，不但超过了九年义务教育水平，而且一直超过农村，表现在城乡青年平均受教育年限存在 3—4 年的差距；1980 年城市青年的平均人力资本水平为 9.2 年，而 2010 年农村青年的平均人力资本水平才达到 8.0 年，依然低于 1980 年的城市水平，城乡人力资本水平相差 30 年以上。

20 世纪 80 年代初是我国改革开放初期，经济基础薄弱，教育经费十分有限，教育投资向高等教育倾斜。90 年代教育财政制度改革，致使农村教育的经费来源主要依赖于地方经济甚至乡村经济。在城乡二元经济结构背景下，这样的教育投资制度使本来就已经捉襟见肘的农村教育更加艰难，城乡教育差距因经济差距而更加显著。农村学子在以成绩为标准的选拔性教育分流中，逐渐沉淀下来，失去了更高层次的受教育机会，这在一定程度上造成了农村人力资本水平较低且增长缓慢的现状。

其次，西部城乡劳动力人力资本水平与年龄呈明显负相关性。从不同时期三个年龄段的西部青年人力资本水平分布看，人力资本水平最高的是 20—24 岁的劳动者，最低的是 30—34 岁的劳动者，基本规律是青年的年龄越小，人力资本水平越高。也就是说，随着劳动力年龄的自然更替，劳动力的人力资本整体水平也会逐渐上升。但是 1990 年西部城乡青年的人力资本水平和年龄分布关系比较特殊，无论是城市还是农村青年，人力资本水平最高的都是 25—29 岁的青年，而不是最低年龄段 20—24 岁的青年。

从出生年份看，人力资本水平最高的青年是 1961—1965 年这段时期出生的，他们上中学和大学的时期应该正是 20 世纪 80 年代初我国高考招生步入正轨后。这正好说明了全社会长期积压的教育需求得到重视和开发后的一种社会结果。从职业地位和流动方向看，"60后"被看作是教育收益最大的阶层。

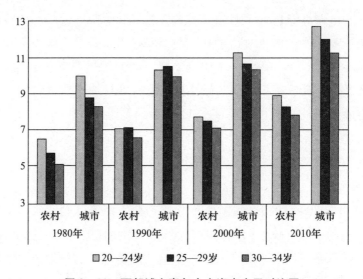

图 3 - 11　西部城乡青年人力资本水平对比图

最后，西部农村青年人力资本水平严重低于全国平均水平，西部城市青年人力资本水平基本与全国平均水平持平。截至 2009 年底，我国新增劳动力平均受教育年限已经达到 12.4① 年，从表中数据可以看出，西部城市青年人力资本水平与全国水平相近，1980 年还略高于全国平均水平（8.2 年），达到初中教育水平；2010 年基本达到高中教育程度。而西部农村青年平均人力资本水平 2010 年才接近义务教育水平，与全国人力资本平均水平相比，大体相差了整个高中阶段的教育。由此可以看出，西部农村地区仍然是人力资本的"弱势地区"，促进西部农村地区的教育发展，给予西部农村学子更多平等的受教育

---

① 《国家中长期教育改革和发展规划纲要（2010—2020 年）》。

机会，是国家未来一段时期进行教育改革的重要突破点。

我国西部城乡人力资本差距较大，西部农村地区人力资本水平低且增长缓慢，这些都是不争的事实，近年来，国家也开始逐渐重视教育公平问题，特别是西部农村的教育问题，出台了一系列政策保证农村地区，特别是中西部地区学子平等的接受教育的权利。国家从2008年开始实施"支援中西部地区招生协作计划"，自该计划实施以来，用于中西部地区的招生指标不断增加；2012年，教育部开始实施面向"农村贫困地区定向招生专项计划"，2014年教育部直属高校拿出2%的招生指标招收农村考生，这些政策的出台有力地推进了教育机会分配的均等化，帮助西部农村青年获得了更多的受教育机会，从而促进西部农村青年人力资本水平的加速提升。教育是一种投入期长、收益期更长的投资，在国家着力改善西部教育机会分配的同时，也需要西部青年和家庭珍惜教育机会，改变教育观念，树立长期人力资本投资意识，不要轻易因短期小利或一时的经济困难而放弃接受教育、提高自身人力资本的机会。只有这样，国家才能通过教育机会文化大革命促进农村青年人力资本提升，从而推动职业流动、社会流动的目标才可能真正实现。

三　西部农村青年人力资本水平变化及其解释

为了了解西部农村青年人力资本水平的具体差距，找到提升西部农村青年人力资本水平的关键因素，下面按照不同年龄段、不同学历层次依次考察30年间西部农村青年人力资本的变化。

第一，文盲率明显下降。从西部农村青年文盲人口比例（见图3-12）来看，20—24岁青年中文盲率由1980年的10.68%下降到2010年的1.96%，25—29岁青年中文盲率由1980年的14.03%下降到2010年的3.05%；降幅最大的是30—34岁年龄段的青年，其文盲率由1980年的19.64%下降到2010年的4.13%。仅从西部30—34岁年龄段的青年中文盲率的比例变化就可以看出，30年间西部农村青年的文盲率下降了近16个百分点。目前，西部青年文盲率已经基本稳定。这一事实说明：我国"文化大革命"之后的扫盲教育和普及小学教育初见成效，基本实现了扫除青壮年文盲的目标。

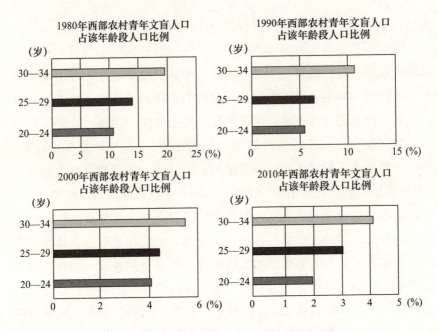

图 3 - 12 西部农村青年文盲人口比例变化图

第二，初等教育程度的青年所占比重下降。图 3 - 13 显示，1980—2010 年的 30 年间，西部农村初等教育程度的青年占比总体下降，由 54.04% 下降到 36.50%，下降了近 1/3。其中，变化最明显的阶段是 1980 年到 1990 年这一时期，西部 25—29 岁和 30—34 岁年龄段的农村青年中，初等教育劳动者比例均由 60% 下降到 46.89%，下降了约 16.87%。从年龄结构和求学阶段推算，20 世纪 80 年代农村的劳动力主体是 1946—1955 年出生的青年。他们的黄金求学时期被"文化大革命"中断，有些经济条件较差或者缺乏劳动力的家庭子女，选择了辍学回家，参加农业集体劳动，给家里挣工分；但是到了 90 年代，劳动力主体已经是 1956—1965 年出生的青年，他们的求学阶段处于"文化大革命"结束前后，农村教育秩序有所恢复，青年的教育程度有所增加。总体来讲，20 世纪八九十年代的西部农村青年的人力资本水平偏低，以初等教育为主。

第三，中等教育的青年所占比重逐渐上升。图 3 - 14 显示，西部农村青年接受中等教育比例相对其他教育水平比例要高很多，尤其是

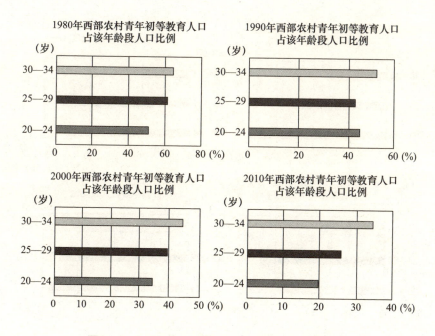

图 3-13　西部农村青年接受初等教育比例变化图

20—24 岁年龄段人口，2010 年该比例已接近 70%。不过，不同年龄段青年接受中等教育劳动者比例增长速度有所差异，25—29 岁青年中，接受中等教育劳动者比例增长速度最快的时期是 20 世纪八九十年代，1990 年 25—29 岁青年接受中等教育的劳动者比例比 1980 年高出了 26.02%。20—24 岁青年接受中等教育劳动者比例增长一直较快，平均十年的增长比率均超过了 10%。

　　下面结合当时农村的教育改革实践，来解释这一阶段西部农村青年人力资本水平上升的事实。一是自 20 世纪 80 年代以来，国家实施了许多社会助学计划，比如"希望工程""星火计划""燎原计划"，积极帮助西部农村贫困适龄儿童接受教育，完成学业；二是 1986 年开始实行九年义务教育制度，使得农村义务教育得到了广泛的普及，极大地提高了西部农村适龄人口的入学率，增加了义务教育阶段的教育机会供给；三是 80 年代中期农村大力推行职业教育，扩大农业中学和职业中学的入学规模。上述种种措施，无论是农村义务教育制度的推行，还是职业教育制度的改革，抑或是社会力量的助学计划，都

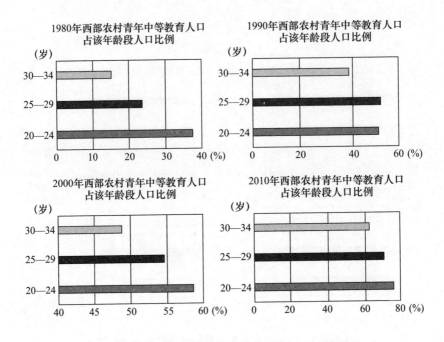

图 3 – 14　西部农村青年接受中等教育比例变化图

增加了教育供给和适龄人口的受教育机会，从客观上促进了西部农村地区人力资本水平的提高。

　　第四，高等教育人口比例增长缓慢。图 3 – 15 显示，30—34 岁年龄段青年中具有高等教育程度的人口比例低于其他年龄段，由 1980 年的 0.32% 增加到 2010 年的 2.92%，增长速度慢于其他年龄段；相比而言，20—24 岁年龄段青年中具有高等教育学历的人口比例由 0.74% 增加到 2010 年的 7.92%，其占比相对最大。

　　西部农村地区高层次劳动者比重十分不尽如人意，1980—2000 年的 20 年时间里，西部农村青年高等教育劳动者比例增长不足 2%，直到 2000—2010 年，西部农村青年高等教育劳动者比例取得突破性的变化，20—34 岁高等教育劳动者比例才达到 6.6%。结合农村青年年龄分布和流动特征，可以解释这一阶段西部农村青年高层次人力资本稀缺的事实。一是 2010 年 30—34 岁年龄段的青年基本是 1980 年之前出生的，他们接受高等教育时没有赶上扩招，大学生比较容易找到工作。因此，1980 年之前出生的大学生基本通过高考流向城市，接受过高等教育而又滞留在农村的人数很少；相反，1980 年之后出生的农村青年，上大学时正好是高等教育扩招初期，大学生数量的迅速增加使大学生就业越来越难。在这种形势下，有些大学生回乡就业或创业，因此从数据上表现出 2010 年西部农村 20—24 岁的青年占比最高。二是由于农村生源录取分数线往往高于城市地区，导致农村青年接受高等教育的机会严重不足，高层次人力资本水平持续缓慢增长。1999 年之后的高等教育扩招制度，的确增加了西部农村青年接受高等教育的机会，实现了许多西部农村学子的大学梦，但同时也增加了他们的就业难度。

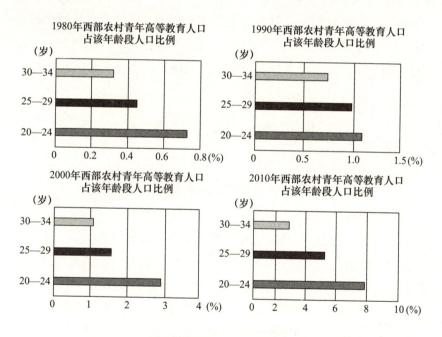

图 3-15　西部农村青年接受高等教育比例变化图

综上分析，西部农村青年人力资本水平的变化反映了西部农村教育机会获得的变化，体现出教育政策的文化大革命和教育资源分配的改变。强制性义务教育的普及和高等教育扩招都有力地促进了西部农村青年人力资本水平的提高，但是，从目前来看，西部地区高层次人力资本的缓慢增长与经济的快速发展是不相匹配的。改革开放以来，我国西部地区经济迅速增长，人民生活水平显著提高，但我国高等教育对经济增长的贡献率是非常低的，2000 年时仍仅为 0.83%[①]。所以，继续推动教育改革，促进城乡、地区之间教育机会的合理分配，是提升西部农村地区人力资本水平的必然选择。

近些年来，教育政策的风向标逐渐指向我国西部农村地区的教育问题。2007 年起，教育部、发改委等部门实施控制高校招生比例、支援西部招生协作等计划；2014 年，全国人大政府工作报告提出"贫困地区农村学生上重点高校人数增长 10% 以上"的目标；同时，国家致力于培养更多"服务于西部、服务于农村"的人才。这些政策不仅能够给予西部农村学子更多接受教育的机会，而且有助于减少西部农村人力资本的流出，吸引高层次人力资本扎根西部、扎根农村，这不仅是教育公平的需要，更是国家经济发展、社会公正和谐的需要。

第五节　结论与思考

一　西部农村青年的人力资本总体水平呈上升态势

西部农村地区曾经是文盲劳动力的主要聚集区，是 20 世纪 80 年代扫盲的重点区域。无论是从时间维度还是从省际角度出发，结果都表明，西部农村青年的总体人力资本水平有所上升，主体劳动力的受教育程度由 30 多年前的初等水平上升至如今的中等水平。

二　西部青年人力资本水平的省际差异和性别差异明显缩小

从省际角度考察的结果表明，人力资本原始存量低的省份人力资本增速快，而原始存量高的省份人力资本增速慢，因此，西部农村青年人力资本的省际差异有缩小的趋势；在人力资本的性别分布上，女性平均人力资本水平增长速度快于男性，西部农村人力资本水平呈现

---

① 宋华明：《高等教育对经济增长的贡献率测算及相关分析》，《高等工程教育研究》2005 年第 1 期。

性别平等化的趋势，但是需要注意的是，西藏、青海等地区农村女性人力资本水平很低，偏远地区农村女性教育任务仍很艰巨。

三 西部城乡青年人力资本水平的差距依然很大

西部农村青年人力资本水平既低于国家平均水平，更严重低于城市平均水平。比较西部城乡人力资本水平，结果发现，西部城乡青年的人力资本水平相差 30 年以上。由此可以看出，西部农村地区仍然是人力资本的"弱势地区"，促进西部农村地区的教育发展，给予西部农村学子更多平等地接受受教育的机会，是国家未来一段时期教育改革的重要突破点。

四 教育机会均等化能明显促进农村人力资本水平的提高

从对省际教育基尼系数的分析结果发现，经济越发达的省份教育机会分配越平等，人力资本水平越高，而经济欠发达的省份情况则相反，经济越不发达，教育机会分布差异越大，人力资本水平越低。要改变这种趋势，关键在于改善经济欠发达地区的教育状况，促进教育机会的公平分配，从而提高地区整体的人力资本水平。

第四章 职业流动

　　改革开放近 40 年来，农村劳动力资源几乎完全遵循市场竞争原则进行着配置和优化。从"民工潮"到"民工荒"再到"返乡农民工"、从"农民工"到"新生代农民工"，一系列具有代表性的概念传递着农村劳动力的就业信息及其变化，职业流动已经成为农村劳动力的基本特征。那么，农村青年尤其是西部农村青年职业流动有哪些特征，遇到了哪些障碍，对个人收入和农村收入产生了哪些影响，等等，这些问题的探索对于解除其就业障碍和约束、提升其职业地位和社会地位有着非常重要的现实意义。

第一节 职业流动的基本概念及其测度

一　职业流动的基本概念

（一）就业与职业

　　就业（Obtain Employment）是指在法定年龄内的有劳动能力和劳动愿望的人们，所从事的以获取报酬或经营收入为目的的活动。职业（Occupation）是劳动者就业状态的具体反映，指人们从事相对稳定的、有收入的、专门类别的社会劳动，是一个人社会地位的一般性表现。职业具有经济性，即劳动者可以从中取得收入；职业具有技术性，即要求劳动者具有一定才能和专长；职业具有社会性，即需要劳动者承担生产任务，履行劳动合约及其义务；职业具有促进性，即劳动者可以在劳动的过程中积累经验和收入，提升自我价值和社会地位。

从职业的特征看，它与一个人的技能、收入、生活质量甚至社会地位密切相关。因此，相比宏观的就业数据，微观层面上的职业流动考察更能反映一个国家或地区某一特殊群体的生存状态。

（二）职业流动

职业流动（Occupational Mobility）是指劳动者在不同职业之间的变动，是劳动者放弃又获得劳动角色的过程。职业流动是社会流动的形式之一。在对职业流动概念的理解上，人们往往把区域流动和职务变动与职业流动等同起来，没有弄清它们之间的区别与联系。实际上，职业流动不同于劳动者的区域流动和职务变动，但又与区域流动和职务变动有着密切的关系，三者往往相伴而生。

第一，职业流动包括劳动者的跨区域流动。职业流动是劳动者在不同职业群体之间的流动，重点研究劳动者职业角色的变化；区域流动是劳动者在不同地区之间的流动，重点研究劳动力流动对不同地区（或单位）劳动者的人数比例发生的影响。二者研究的侧重点虽然不同，但是在内涵上有交集，即区域流动往往伴随着职业流动，职业流动却并不一定引起区域流动。广义的职业流动，应该包含劳动力的区域流动。

第二，职务变动包括专业技术职务和行政职务的变动，通常主要指行政职位层级的变动。专业技术职务变动一般不引起职业流动，例如，一个教师由讲师晋升为副教授或者教授，他还是教师，工作岗位没有发生本质变化，但是工作职责可能增大了。行政职务变动可能引起职业流动，也可能不引起职业流动。如果一个营业员被任命为某一个柜台的班组长，因为工作性质和内容没有发生变化，所以这并不是职业流动；如果他被任命为部门经理，就可以说是一次职业流动，因为他扮演的角色从营业员转变为管理者和经营者。因此，行政职务变动是否带来职业流动，主要看其工作性质和工作内容是否发生了质的变化。

二　职业流动的类型

一般来说，职业流动可以分为以下几种类型：

第一，以职业地位和职业声望为标准，可以把职业流动分为水平流动和垂直流动。劳动者在同一职业地位和同一职业声望的职业系列中的流动就是水平流动；劳动者在不同地位等级和不同职业声望的职业系列中的流动就是垂直流动或上下流动。其中，从一种职业地位等级较低的职业流动到职业地位等级较高的职业是向上流动，反之则为向下流动。

第二，以同一代人或者两代人的职业变化为标准，可以把职业流动分为职业的代内流动和代际流动。代内职业流动主要考察同一代人的职业变化，比如，新生代农民工的职业变化和流动；代际流动主要考察两代或两代以上不同群体的职业流动，比如，祖辈、父辈和子辈三代人职业的变化情况，或者老一代农民工和新生代农民工的职业变化情况。如果父亲是农民，儿子还是农民；或者父亲是教授，儿子是企业高管，这就说明两代人之间的职业流动性不强，也可以说职业流动具有黏性，或者社会阶层的固化。如果父亲是农民，儿子是企业经理；或者父亲是教授，儿子是一般小贩，这种状况就形成了代际流动。代际流动的状况和频率表征着一个社会的开放程度，并且受一定社会形态及人事管理制度、教育水平等多方面的影响。现代社会中，代际流动显著，向上流动的频率明显加快，尤其是农民子女，子承父业的比例降低的速度加快，越是发达地区，这一情况越为突出。

第三，以职业流动的规模为标准，可以将职业流动分为结构性流动和个别流动。凡是引起和影响社会职业结构发生大规模变动的职业流动就是结构性流动。例如，英国的圈地运动，迫使大批农民失去土地进城当雇佣工人，导致农工两大职业系统发生结构性变化。再如，当今世界，科学技术的迅猛发展，新技术的广泛应用，第三产业职业的需求量大增，伴随而来的必然是职业的结构性流动。由劳动者个人自身因素引起的，对职业结构的变化无足轻重的职业流动，就是个别流动。

三　职业流动的测度

对职业流动的衡量，一般从强度、速度、频率和方向等方面进行。对职业流动强度和速度的考察，最常使用的指标是职业流动率、流动频率和流动周期。职业流动率即流动劳动力比例，指一定时间内流动劳动力占劳动力整体的比例；流动频率指劳动力在一定时间内职业流动的次数；职业流动周期指一定时间内劳动力在同一工作单位连续工作的平均时间。这样，某一人群的职业流动率就可以通过该人群在一年内的职业变换次数（N）与该人群在这一年的总人数（P）的比值来计算。首先计算分年龄的职业流动率（mx），然后加总成一个职业流动率指标，称作总和流动率（TMR）。它是一个时期指标，其含义可以表述为：一个刚进入劳动力市场的人，如果按照某一年的分年龄职业流动率度过其职业生涯，那么其一生将从事的职业数量就是总和流动率。对于已经退休的人群，用该人群从事过的职业数量总和除以该人群的人数，就是其终身流动率，这是一个队列指标。时期指标（总和流动率）是假设的队列指标（终身流动率）。

分年龄职业流动率：$m_x = \dfrac{N_x}{P_x}$　　　　　　　　　　　　　　（4.1）

总和职业流动率：$TMR = \displaystyle\sum_{x=i}^{w} m_x$　　　　　　　　　　　（4.2）

其中，x 为年龄，i 为进入劳动力市场的年龄，X 为退出劳动力市场的年龄。

对职业流动方向的考察，最常见的方法是：首先对职业声望进行测量，其次通过职业声望对各类职业分值进行排序，最后通过考察劳动者职业地位变化，判断其职业流动方向。这种方法在 20 世纪 50—80 年代的西方十分流行，大批分层研究者进行职业声望测量并进行国际比较（Treiman 等，1976[95]；Grasmick 等，1976[96]；A. Inkeles and P. H. Rossi，1956[97]；CAHDL Jones，1959[98]；P. K. Hatt，1950[99]）。20 世纪末，我国学者陆学艺[100]（2005）、李春玲[101]（2005）等对我国的职业声望进行了大规模的调查研究，他们的职业分层研究成果已经为国内同行所认可，并被广泛应用。因此，本书对职业流动方向的判断也采用陆学艺等的研究结果。

职业分层（Occupational Stratification）是指人们通过对某种职业所对应的经济收入、权力地位和社会声望进行评价，从而对多种职业进行排序的分层方法。由于职业的综合性特征，社会学、经济学、教

育学等学科分别从各自领域对职业分层进行研究。在职业分层的形成
过程及原因研究中，社会学侧重于社会资本（包括家庭背景）的研
究，教育学侧重于教育质量和文化资本的研究，经济学侧重于就业、
人力资本水平以及人力资本投资的研究。无论是社会分层还是职业分
层，其前提都是以社会结构的分化为客观背景，其目的都是通过社会
资源和机会的公正、合理配置，促进社会阶层的流动、调整和优化。
但是，与社会分层相比，职业分层更具代表性，它能综合反映社会成
员的经济、社会和政治地位及其差异。分析社会职业结构及其成因，
能更好地调整和优化社会结构，促使其向良性结构方向发展。

第二节　西部青年职业流动问题
研究的理论基础

一　文献综述及其评价

职业流动是社会学、经济学研究的主题，长期以来一直受到学者
的关注。早期对职业流动问题的研究，大多用传统的人口流动和劳动
力迁移理论来解释。其中，刘易斯—拉尼斯—费景汉的人口流动模型
最有代表性。该模型是对发达国家工业化、城市化过程中，农村人口
向城市迁移的理论描述。其基本思想是：在城市工业部门劳动者的收
入水平高于农业劳动者，并且农业的边际劳动生产率极为低下甚至接
近于零的条件下，农业中的大量剩余劳动力会向城市流动。托达罗研
究发展中国家城市失业严重、农村人口依然大量涌入的现象时，在刘
易斯—拉尼斯—费景汉模型的基础上加入了城市收入预期因素，用城
乡收入预期差异解释发展中国家城乡人口流动问题。刘易斯、托达罗
的人口流动和劳动力迁移模型都是以劳动者的现实收入或预期收入为
主要指标，解释农业劳动力向城市工业流动的现象。

但是，现代社会职业流动内涵不仅包括城乡间、农业和工业间的
人口流动，还包括产业间、行业间、产业内部、行业内部的职业转
换，甚至同一部门内部的职位变动。因此，仅仅依靠人口流动理论并

不能完全解释职业流动。

目前，国内外学者关于职业流动的研究主要围绕职业流动的决策模型、职业流动的影响因素、职业流动的收入效应、社会经济效应及公平性评价和职业流动的总体评价①四个方面展开。

（一）职业流动的决策模型

对职业流动行为的解释存在以下四种较有影响力的理论模型：迁移者—停驻者模型（Mover – Stayer Model）、布劳—邓肯模型（Blau – Duncan Model）、工作搜寻模型（The Job Search Model）和职业匹配模型（The Job Matching Model），它们分别从不同角度解释职业流动与个人收入的变动关系。

1. 迁移者—停驻者模型

该模型是由 H. Guitton，L. Blumen 等[102]（1955）提出的，最早用来解释美国各产业间的工作转换和职业流动情况。Blumen 等认为，劳动者存在两种不同的性格倾向，迁移者（The Mover）天性喜欢变换工作，而停驻者（The Stayer）则相反，不轻易变换工作。迁移者变换工作的概率大于停驻者，这种潜在的个性特征导致停驻者的工资增幅大于频繁转换工作的迁移者的工资增幅。在该模型中，因为停驻者长期专注于某一工作，积累了一定的实际经验，具有较高的生产率，而迁移者因频繁转换工作，具有较低的生产率，所以停驻者的收入要高于迁移者的收入，职业流动具有负面的收入效应。

该模型解释了劳动者在产业间职业流动的原因是某种不可观察的个人偏好，并证明频繁职业流动对劳动者的长期收入有负面影响。

2. 布劳—邓肯模型

20 世纪 60 年代中期，布劳和邓肯在他们的著作《美国职业结构》一书中，提出了以职业地位为基础的职业地位获得模型。他们认为，在美国社会，一个人在社会分层中的位置，不是由其经济地位决定的，而是由其职业地位决定的。布劳—邓肯模型分析了先赋因素和自致因素对于个人地位的影响，发现在个人职业地位获得过程中，先

---

① 吕晓兰：《职业流动视角下的收入决定研究》，博士学位论文，浙江大学，2014 年。

赋因素和自致因素共同发生作用，先赋因素对个人职业地位获得产生直接影响的同时，还作为中介变量通过影响个人的自致因素而间接影响个人的职业地位获得。布劳和邓肯还根据职业流动的主导因素不同，来判断社会的开放程度。如果导致职业流动的先赋因素作用大于自致因素作用，则该社会结构处于较封闭的状态；反之处于较开放的状态。布劳和邓肯认为，农业社会的个人职业地位获得，先赋因素的作用大于自致因素；工业社会的个人职业地位获得，自致因素的作用大于先赋因素的作用。因而，相对农业社会，工业社会较为开放。

3. 工作搜寻模型

在工作搜寻模型（Burdett，1978[103]；Jovanovic，2000[104]）中，工作被认为是一种搜寻商品（Search Goods）（Nelson 等，1970[105]），劳动者在劳动力市场上搜寻的目的是想为自身的人力资本找寻报酬更高的工作场所。这个模型最能说明劳动力资源的配置和优化过程。

Burdett 假设劳动力市场上不同劳动者具有不同的工作能力，因而具有不同的生产率和收入水平。单位付给劳动者的工资水平依据其所创造出来的生产率水平而定，但因为不同单位挖掘劳动者生产率水平的能力存在差异，导致不同单位提供给同一劳动者的收入水平并不完全相同。劳动者得到一份工作之后，他（她）可以继续搜寻工作，搜寻工作越频繁，得到外部工作答复的可能性就越高。如果劳动者能够成功鉴别出那些高收入工作，并在考虑了转换成本后，认为潜在工作的工资水平仍会超过目前这份工作的水平，劳动者就有转换工作的动机。随着搜寻工作经验的不断增加，劳动者对劳动力市场的信息了解得就越多，经验也就越丰富，这种经验的积累会提高劳动者找到更高收入工作的概率。因此，在该理论下，迁移者比停驻者有更大的可能获得较高收入的机会。而这种收入的增加与更换工作前的在职搜寻存在紧密的正相关关系。

在实证研究中，学者通过观察自愿流动者和非自愿流动者在职搜寻行为的差异，来考察职业流动的收入效应问题。一般认为，与工作相关或者因经济原因进行的自愿流动，更有可能在流动前就已经发生了在职搜寻行为，从而获得较高的收入。因家庭原因进行的自愿流动及非自愿流动情形，比如被解雇，则进行在职搜寻工作的可能性较低，因此，此类的职业流动更有可能造成收入的损失（Keith Kristen and Abagail McWilliams，1995[106]；Sylvia Fuller，2008[107]）。

4. 职业匹配模型

Johnson 等（2001）[108]；Jovanovic（1979）[109]认为，由于不完全信息的存在，在就业初期，雇主无法完全了解雇员的劳动生产率情况，而雇员也不十分了解雇主或者工作单位的全部信息，即匹配质量事先并不可知，这样就可能会出现劳动者的收入与其所拥有的人力资本不对等或者劳动者生产效率低下等匹配质量不佳的问题。但是随着工作时间的延长，匹配信息便会逐渐被展现出来，和生产率相关的信息也会得以披露，工资水平便会随之有所调整。当劳动者发现匹配质量低于最初的想象，其工资水平低于外部可能找到工作的工资水平时，劳动者就会主动寻找其他的就业机会，以期改善匹配质量，提高劳动生产率，进而提高工资水平。因此职业流动更多发生在那些为了得到更好的个体与工作匹配质量而主动离职的自愿职业流动者身上，尤其是新进入劳动力市场的劳动者身上，职业流动对于收入的增长效应起正向作用。同时该模型预测职业流动所具有的收入提升效应会随着工作经验的积累而趋于下降，而且职业流动的概率随着任期的增加也会下降（Farber 等，2004[110]）。

职业匹配模型还考虑了不幸的劳动者可能会经历一系列低质量的匹配，从而遭受持续的工资损失的情形。Gibbons 和 Katz（1991）[111]认为，雇主在招聘劳动者的时候，由于对劳动者能力信息掌握不足可能会付给较高的初始工资，当雇主对劳动者的生产能力有了更多的了解后，除了会调整劳动者的工资外，还会辞退匹配质量不佳或者工作能力差的雇员。在这种情况下，职业流动与收入之间的关系可能和自愿流动的结果完全不同。因为信息不对称，如果劳动者是被辞退的，给新雇主传递的关于该劳动者生产率水平的信号将是负面的，这样被解雇这一经历对劳动者后续收入的不利影响可能会持续存在，正如Von 和 Bender（2004）[112]所指出的，劳动者早期职业生涯中被辞退的经历将会导致劳动者遭受持续的收入损失。Farber 等（2003，

2005）[113]也发现，如果劳动者在职业流动过程中发生了失业情况，再就业时收入就会下降。Von 和 Bender（2008）[114]指出，劳动者起初凭借有利的劳动力市场条件所获得的工资优势，在失去工作后，便会永远失去。

从以上的分析可知，区别于工作搜寻模型，职业匹配模型放宽了劳动者的生产率事先可知的假定，认为劳动者真实的生产率水平在最初是不确定的，劳动者在最初工作中无法达到最佳的生产率，可能是由匹配质量不佳造成的。随着匹配质量信息的逐渐披露，劳动者的生产率水平逐渐被知晓，劳动者的收入也会随之得以调整，职业流动可以理解为这种调整的一种结果。这意味着，即便控制了个体和工作的固定效应，职业流动独立的收入效应仍然存在。

通过对以上四类研究职业流动与劳动者收入增长关系理论的梳理可知，关于职业流动是否具有收入增长效应的结论并不一致，二者之间的关系到底如何，不仅依赖于专有人力资本的可转移性问题、职业匹配质量提高与否以及转换工作时是否进行了在职搜寻工作行为，还依赖于职业流动类型是主动、自愿的，还是被动、非自愿的。在主动、自愿条件下存在的职业流动的收入增长效应，放在被动情形下可能完全不适用。由于视角和立论基础不同，职业流动的收入效应尤其是自愿流动的收入效应变得无法统一，不同类型的自愿流动和非自愿流动的收入效应均不相同（Keith and Mcwilliams，1999[115]）。

在实证分析中，以上经典理论模型的验证往往会碰到样本选择的内生性问题，也就是说，职业流动行为并不具有随机性。依据理论模型推测，拥有低收入工作的劳动者更有可能通过在职搜寻和职业流动获得较高的回报，因此这类群体可能比处于高收入水平的劳动者的职业流动概率更高。另外，收入水平既可能是职业流动的原因，也可能是职业流动的结果，即职业流动的经济后果具有内生性问题。针对这个问题，有文献采用控制职业流动前首份工作收入的办法来进行研究，如 Osberg（2001）[116]、刑春冰（2008）[117]。此外，以上各个理论模型都是建立在劳动力市场完全竞争或者充分竞争的基础之上。然而我国劳动力市场发育并不完善，存在着体制内与体制外、国有制和非国有制等各种形式的市场分割。农村青年大多就业于层次较低的体制外市场，职业流动面临着许多有形或无形的限制，很难自由、充分地进行市场间的职业流动。如果完全按照西方职业选择模型研究我国农村青年的职业流动模式和收入效应将有失偏颇。因此需要结合我国农村青年的成长环境和人力资本水平，分析其职业流动的影响因素和收入效应。

（二）职业流动的影响因素

职业流动的影响因素是多方面的，有劳动者自身因素，也有家庭因素；有制度性因素，也有非制度性因素。有关研究成果非常丰富，归纳起来，主要有以下三个研究视角：

第一，个体因素。即围绕性别、年龄、婚姻、受教育程度等展开分析。①从性别看，女性的职业流动率高于男性（李若建，1999[118]），但是男性在职业流动方向上更趋于向上流动（黄晓波，2010[119]）。②从年龄看，青年的职业流动速度最快。18—30岁的青年会经历职业流动周期由短到长，职业流动速度由快到慢，职业由不稳定到相对稳定的变化（廖根深，2010[120]），剧烈的职业流动主要发生在25岁之前。③从婚姻状况看，未婚女性的职业流动大于已婚女性。④从受教育程度看，受教育程度对职业流动的影响颇有争议。国内学者廖根深、黄健、戚晶晶等认为职业流动与文化水平有较高的关联度，即受教育水平越高者流动性（工作变动次数）越低，稳定性越高；李若建的研究结论则相反，认为受教育程度与职业流动呈正向变动。受教育程度越高，职业流动的能力就越强，越容易改变其社会地位。廖根深和刘金菊等对导致职业流动性变化的文化程度有一个基本界定，认为初中学历具有门槛效应，初中以下学历者职业流动率较低，一旦达到初中学历，职业流动率出现一个大的跳跃，之后，随着受教育程度的提高，职业流动率又出现下降的趋势（刘金菊，2011[121]）；大专、本科文化程度青年职业稳定性最强；随着受教育程度、收入水平的提高，职业流动周期曲线的走势呈倒"U"形曲线（廖根深，2010[120]）。

第二，个人和家庭背景。受布劳—邓肯职业获得研究思路的启发，大多数研究者将影响职业流动的因素归纳为先赋性和自致性两类因素的共同作用。国外研究数据表明：受教育程度能解释大约 2/3 人的职业获得，剩余 1/3 劳动者的职业获得需用先赋性因素来解释，其中父亲的受教育程度是子女职业地位获得的重要影响因素（Ganzeboom 等，1989[122]）。国内的研究认为，职业流动受性别、年龄、受教育程度、单位性质、行业所属、收入水平、职业满意度、职业价值观、父辈职业等先赋性和自致性因素的共同影响（陈成文、许一波，2005[123]）。

另外，国内很多学者将职业流动的影响因素归纳为人力资本、社会资本和文化资本等。首先，学界普遍认同知识型人力资本对大学生就业和职业流动具有积极影响，但是这类资本对农民工职业流动的影响并不大，可能是因为他们的就业层次较低，所从事的工作对文化程度要求不高。相比而言，经验型人力资本（打工时间）与农民工的再次职业流动有关，而且仅与农民工的再次职业流动次数有关，对农民工的再次职业流动方向没有影响。农民工进城打工时间越长，农民工的再次职业流动就越频繁（刘金枚，2006[124]）。其次，学界普遍赞同家庭社会资本对青年职业流动具有重要作用的观点。认为在中国这样一个关系社会，社会资本、关系网络的广度和厚度，直接影响着青年人的职业流动。李培林（2001）[125]调查发现，农民工进城就业和职业转换的主要途径是亲缘、地缘圈的熟人网络，靠亲属、同乡、朋友等介绍就业的占 75.82%；就业中介对农民工职业流动的帮助，仅限于"与中介关系密切"的少数人，他们可实现再次就业中的向上流动。最后，父母的文化资本对子女职业流动具有间接影响。文东茅（2005）[126]、陈江生（2011）[127]的研究结果表明，父亲的职业决定了其家庭经济资源，父亲的受教育程度决定了家庭的文化资源，这些资源通过不同方式影响学生基础教育和高等教育阶段的学业，从而使家庭背景能直接或间接地影响子女最终的就业状况。家庭背景越好，毕业时的就业率、升学率和起薪越高。而且，初始职业直接影响其后来的职业选择和晋升空间。一个好的初始职业，意味着其后来有更大的职业选择余地和升职空间（王春光，2003[128]）。

此外，还有学者根据农民工的职业位次提出了一种综合看法，认为人力资本是农民工从事中高端职业的重要条件；社会资本仅对获取低端职业有意义，对中高端职业帮助不大；而政治资本对其职业获取几乎没有作用（符平，2012[129]）。

第三，社会制度。近年来，有学者从理论上分析了城乡分割的户籍制度、就业管理体制、社会保障体系、教育资源配置制度等对农民工职业流动的影响（温福英、黄建新，2009[130]）。制度阻隔导致农民工很难通过获得高端职业融入城市生活，农民工的非市民身份是造成其在城市劳动力市场中处于劣势地位的关键因素（项飚，2000[131]；Solinger，1999[132]）。李霓（2012）[133]、王竹林等（2013）[134]指出，国家和地方政府关于最低工资、劳动保障、财政投入、社会保障等政策也会成为新生代农民工就业流动倾向的重要考量因素。

（三）职业流动的收入效应、社会经济效应及公平性评价

1. 职业流动的收入效应

职业流动过程是一个劳动力资源配置的优化过程。在职业流动过程中，劳动者总是在寻找能得到更多回报的工作，在职业转换中实现自我价值的最大化。前面的四种职业流动模型，从不同方面说明了职业流动与个人劳动收入的关系，论证了职业流动影响收入变动的条件和作用过程。有研究发现，劳动者早期职业生涯中全部收入增长中的1/3可以用职业流动所带来的收入效应解释（Robert H. Topel and Michael P. Ward，1992[135]）。

职业流动不但决定了微观个体的收入及其增长水平，而且在某种程度上影响着宏观收入分配格局及其不平等状态。因为，一个公平竞争的社会会使职业流动向上的作用凸显，并激发劳动者不断提升自己的能力和水平，实现个人收入的提升；相反，缺乏公平竞争的社会则会削弱和扭曲职业流动对劳动者收入的正面影响，导致非能力因素引起的个人收入差距，加剧收入领域的不平等。

2. 职业流动的社会效应

职业流动的社会效应从两个方面进行评价。一是社会的流动性评价。刘金菊（2011）[121]通过测算综合流动率，发现我国城市的职业

流动率在过去几十年里有了大幅度增长，按照 2002 年的职业流动率水平，人们一生平均只从事 3 个工作。陈婴婴（1995）[136]利用中国社科院的数据，考察了我国城乡 1949—1991 年的职业流动状况，结果表明我国城镇的代际流动率较高，代内流动率较低，而农村的代际和代内流动率都较低。总之，几十年来，无论是代际流动率还是代内流动率都呈现出下降趋势。二是社会的公平性评价。按照市场经济原则，每个人在劳动力市场中寻找与其能力相匹配的职业时，主要依据的是能力原则，这是社会公平的基本要求。如果个人的职业获得和流动依靠的是父辈的地位或财富等其他非个人能力，那么这个社会的职业流动就有失公平，违背了社会的公平原则。李力行（2014）[137]认为，收入的代际流动性降低、职业的代际传递固化是社会流动性减弱的具体表现，造成这种现象的主要原因是人力资本的代际传递趋势不断加强，父母在子女教育和职业选择方面的影响力在不断加强①。王春光（2003）[128]从代内职业流动和代际职业流动角度分析先赋性因素对职业流动的影响，得出的结论是，父亲的职业地位和家庭经济条件对个人初始职业地位的获得有很大的影响，家庭背景、所有制、户籍制度等因素依然是制约能力主义原则在职业流动中发挥作用的不平等因素②。

3. 职业流动的公平性评价

随着对职业流动问题的研究不断深入，追根溯源式的探究和公平性价值判断几乎成为职业流动研究的主流，由农民工在职业流动过程中的人力资本约束现象引发的关于教育不平等的思考，在学术界很有代表性。周雪光等的研究发现，家庭背景、性别、居住地等对城市居民的教育获得有重大影响。高干与专业技术人员的子女、男性、住在大城市的人等拥有较多的受教育机会。并指出，再分配时期的教育分层效应在改革后得以延续。与之相似的结论见于李煜和郝大海的研

---

① 李力行、周广肃：《代际传递、社会流动性及其变化趋势——来自收入、职业、教育、政治身份的多角度分析》，《浙江社会科学》2014 年第 5 期。

② 王春光：《中国职业流动中的社会不平等问题研究》，《中国人口科学》2003 年第 2 期。

究：李煜发现，家庭教育背景是改革初期教育不平等的主要影响因素，在市场化改革加深之后，教育不平等的影响机制转变为以家庭阶层背景的资源转化和文化再生产为核心特征的双重模式。郝大海的研究则更清晰地展现了改革前后教育分层状况呈相反方向变化的政策干预影响，认为改革后的教育不平等状况在既有政策下相对固化，难以改变。各级教育尤其是高层级教育的机会获得的较大差异，导致了由教育分层而产生的社会阶层固化现象，社会流动的黏滞性比较突出。显然，这种分层、分化和阶层流动的黏滞现象有悖于教育公平原则和教育机会分配制度的初衷。

（四）职业流动的总体评价

纵观国内外有关职业流动的研究成果，无论是从性别、年龄、受教育程度、家庭背景等微观角度开展的研究，还是从户籍、用工、劳动保障等宏观角度进行的研究，抑或是宏微观角度的综合研究，大多数都是针对整个劳动力市场或某一特殊行业劳动力市场的职业流动和转换做出的，而针对某一区域农村青年就业和职业流动的横向和纵向分析并不多见。从纵向看，新一代和老一代农民工的就业环境、职业期望都有很大差异；从横向看，西部农村青年的就业类型、职业转换方式和途径、转换者个体差异以及背景因素等也有很大差异，职业转换过程非常复杂，其影响因素也较多。对此，目前学术界尚没有形成统一结论。因此，在一定的职业理论框架下的多角度研究就显得十分有必要。

二 西部农村青年职业流动研究的理论依据

严格地讲，职业流动既是社会学领域的问题，也是经济学领域的问题。因而相关的社会学理论和经济学理论都是西部农村青年职业流动的理论基础。归纳起来，主要有以下几种代表性理论。

（一）社会阶层理论与职业流动

社会阶层理论是对社会分化结果的静态描述，是研究职业流动的理论基础。社会分层是社会阶层理论的核心概念。

社会分层（Social Stratification）是指以一定的标准区分出来的社会集团及其成员在社会体系中的地位层次结构、社会等级秩序现象。

"分层"原为地质学家分析地质结构时使用的名词，是指地质构造的不同层面。社会学家发现，社会中存在着不平等，人与人之间、集团与集团之间也像地层构造那样，分成高低有序的若干等级层次，因而借用地质学上的概念来分析社会结构，形成了"社会分层"这一社会学概念。

国外关于社会结构的研究，形成了以下几种研究标准。第一，以生产资料的占有关系为标准。其代表人物是无产阶级经济学家马克思，他以是否占有生产资料将整个社会划分为资产阶级和无产阶级，通过分析两个阶级在生产、分配、交换和消费过程中的生产关系，说明两个阶级所处的社会经济地位及其对立关系。第二，以财富、声望和权力为标准。其代表人物是德国社会学家韦伯，他提出了划分社会层次结构的三重标准，即财富、声望、权力。韦伯认为，财富（或经济收入）的差异代表着个人可以交换或支配的商品与劳务的数量和质量的差异，反映着社会成员在经济市场中的生活机遇。声望是个人在他所处的社会环境中所获得的声誉与尊敬。在西方分层理论中，常常按照声望的不同把社会成员划分成不同的社会身份群体。权力就是"处于社会关系之中的行动者即使在遇到反对的情况下也能实现自己的意志的可能性"。权力不仅取决于个人或群体对于生产资料的所有关系，也取决于个人或群体在阶层制度中的地位。也就是说，韦伯把经济、社会和政治三方面标准综合起来划分社会成员的社会地位。以上三条标准既是互相联系的，又可以独立作为划分社会层次的标准。第三，多重标准。在韦伯之后，美国社会学家 W. L. 沃纳等于20世纪40年代提出了多重标准的社会阶层划分方法。他们设计了职业、收入数量、收入来源、文化程度、生活方式、宗教信仰、政治态度和价值观念等八项指标，将社会成员划分为上上层、上下层、中上层、中下层、下上层和下下层六类。其中，下上层和下下层主要指体力劳动者和无固定收入者、失业者以及只能从事一些非熟练劳动的人。第四，以职业为划分标准。美国社会学家、结构功能主义者的代表 T. 帕森斯主张以职业作为分层的标准。职业分层（Occupational Stratification）是指人们通过对某种职业所对应的经济收入、权力地位和社会声望进行评价，从而对多种职业进行排序的分层方法。他认为，在美国社会中最重要的分层标准是职业，财富与声望都依赖于职业。职业的等级能够代表个人成就，是社会对个人成就的一种认定与酬赏。

职业具有客观性，它在某一特定的社会中对应着相应的经济收入、权力地位和社会声望，是一个人社会经济地位的重要体现。与社会分层相比，职业分层更具代表性，它能综合反映社会成员的经济、社会和政治地位及其差异。分析社会职业结构及其成因，能更好地调整和优化社会结构，促使其向良性结构方向发展。因此，当代中国的社会分层研究主要沿用 T. 帕森斯的职业划分标准，其代表人物是陆学艺。陆学艺（2005）在对中国的社会结构进行阶层划分时，以职业这一变量作为综合的衡量指标，将中国社会划分为十大社会阶层。

如果说职业分层是用来描述某一国家或地区社会阶层结构的分化、形式、形成和分布形态的，那么职业流动则是研究社会中的个人或群体是如何被引导到社会高低不同的职业层级位置上去的。通常依据不同标准将职业流动划分为以下类型，即根据职业流动的向度，可以将职业流动划分为垂直流动与水平流动；根据流动是否在代内，可以将职业流动划分为代内流动与代际流动。其中，垂直职业流动和代际职业流动最有考察价值。

垂直职业流动指社会成员从一个职业位置移动到另一个与之高低不同的职业位置上。在垂直职业流动中，如果转移流动的方向是由较低职业地位流动到较高职业地位，可称为上升流动，反之则称为下降流动。上升流动使人们由较低的职业地位，进入到较高的职业地位，进而有较高的收入和职业声望，自然为人们所期盼。但是从事物运动规律而言，上升流动与下降流动是构成职业流动机制不可或缺的两个方面。有一位著名的经济学家、社会学家曾经说过："既有的社会结构或职业结构就像一个旅馆，旅馆总是要住人的，但是，居住在旅馆客房里的人却总是流动的，不同的人都可能住在一个高档的或低档的客房里。"所以在一个稳定的和按照常规运行的社会里，这种代谢机制能够实现社会成员与社会或职业位置的最佳结合，即能促使社会成员与合适的社会位置相结合，与不合适的社会位置相分离，从而给社会带来活力，促进社会的良性运行，加速社会的发展。

代际职业流动是指子女个人以其社会出身即父亲的社会地位为参照的职业流动，重点在于考察父亲的社会地位与子女的职业地位之间的关系，父亲的社会地位是否能够传递给子女，即是否具有父亲的传递效应或子女的继承效应。一般情况下，相比代内流动，代际流动更能反映一个社会阶层的流动程度。父辈与子女间的传递或继承效应越强，这个社会越封闭，流动性越弱，社会阶层越有固化的趋势，反之也就越开放。

（二）劳动力市场筛选信号理论与初次职业选择

根据劳动力市场筛选信号理论，教育只是一种筛选装置，它起着信号的作用。由于在劳动力市场上雇主和雇员之间的信息不对称，雇主并不能确切地知道求职者所具有的能力，而往往更倾向于看重求职者手中的毕业证书及其发放单位。由此，毕业证书成为用人单位了解求职者能力的基本信号，也是求职者向用人单位展现自己素质和能力的凭据。毕业证书在就业中的作用越来越大，它是一种身份和社会地位的象征，名校更是一种无形的资本，名校毕业生是用人单位的首选，而一般院校的学生则受到冷落。但是，农村学生更加倾向于选择师范类院校和农林类院校这些低学费或免学费的学校，还倾向于选择有生活补助的那些院校。而这些院校的专业口径较窄，弱势群体学生选择这些院校及专业，毕业时将很难适应社会的需求，处于不利地位，只能"望好单位而兴叹"，就业风险增大。

（三）人力资本与职业流动能力

在现代劳动力市场，知识型人力资本在就业、择业和职业流动过程中起着非常重要的作用。教育经济学、劳动经济学对教育与职业之间的联系机制给出了充分解释，M. 卡诺依甚至认为"教育经济学的核心存在于教育与劳动力市场的联系之中"。学术界普遍承认知识型人力资本对大学生就业和职业流动具有积极影响，但是认为这类资本对农民工职业流动的影响并不大，可能是因为农民工就业层次较低，所从事工作对文化程度要求不高。相比较而言，经验型人力资本与农民工的再次职业流动有关，而且仅与农民工的再次职业流动次数有关，对农民工的再次职业流动方向没有影响。农民工进城打工时间越长，职业流动次数就越频繁。

在现代市场机制条件下，能力逐渐会成为判断员工价值的唯一标准。而劳动力市场对能力的最初判断就是受教育程度，因此以教育为核心的自致性人力资本因素在职业流动中起着决定性作用。如果因为教育机会分配制度而导致劳动者教育机会缺失，那么教育机会差异终将导致劳动者在就业和职业流动过程中的差距和不平等。在就业过程中，受教育程度、毕业院校的知名度等因素往往是用人单位选拔人才的基本依据，也是大学生求职的基本砝码。重点高校的毕业生，无论是就业、升职还是出国都具有比较优势。可见，在当今社会中，知识型人力资本不仅是职业选择的主要依据，也是职业流动的主要助力和社会流动的主要通道。

（四）劳动力市场分割与就业机会

劳动力市场分割理论注重分析劳动力市场的内部结构，从而说明不同劳动力在劳动力市场中所受到的不同待遇。该理论把劳动力市场分为主要劳动力市场和次要劳动力市场。主要劳动力市场工资高，工作条件好，就业稳定、有保障，而次要劳动力市场工资低，工作环境差，晋升的机会少。总之，这一理论认为，教育程度与工资水平在主要劳动力市场是呈正比例关系的，但是在次要劳动力市场，教育程度与工资水平的正相关关系是不成立的。所以，劳动者一旦进入主要劳动力市场，就相当于进入了"分割收益区"，他的经济收入明显得到了保障，社会地位明显得到了提升，而次要劳动力市场的劳动者想要进入主要劳动力市场则存在较大障碍。

首先，由于种种原因，弱势群体人员初次就业时，主要集中于次要劳动力市场，当他以后再想进入主要劳动力市场时，会遇到用人单位主观意识方面的阻力。用人单位并不清楚他原先进入次要劳动力市场的真正原因，并且他在次要劳动力市场就业的工作履历会传递给用人单位一种错误的信号：这位求职者是因能力偏低而没有得到主要劳动力市场的就业机会，因此，他在主要劳动力市场求职的成功率很小。

其次，工作转换成本高昂。工作转换成本是就业后要想离开原单位必须支付的成本，主要包括三部分：①工作接受成本，即寻找新的工作单位时须支付的各种成本，主要包括自荐材料费、通信信息费、交通住宿费、人才市场准入费、考试面试费、保证金，甚至还有人情费等费用，这类支出使弱势群体难以承受。②工作离开成本，即离开原单位给当事人带来的各种损失，包括经济损失和人力资源损失。经济损失指离开原单位给当事人带来的各种以货币化计量的损失，如住房、职称、福利津贴等，离开原单位就意味着失去这一切；人力资源损失主要指在原单位建立的各种关系网，如与朋友、同事、上级领导等建立的人际关系，离开原单位后，在新的地方、新的单位，原有的人际关系就没有太大的用处，自然也就谈不上什么回报了。③与原单位的交易成本，即在转换到新单位去的过程中必须向原单位支付的各种成本及转换中所导致的机会成本。现在用人单位一般都会与新招聘的员工签订三年或五年以上的就业合同，若员工没有达到签约年限就要离开，必须向单位支付较高的违约金；另外，若联系好新单位而原单位不放人，则机会成本就会增加。

这些高昂的工作转换成本，致使弱势群体在转与不转之间处于两难境地，阻碍了其流动，也必然使他们承担难以收回预期投资收益的风险。

第三节　西部农村青年职业流动的现状及其特征

一　西部农村青年职业流动的历程

从20世纪80年代开始，西部农村青年的初次职业流动也和全国一样，基本都是由农业向非农产业流动。大体说来，经过了以下三个阶段。

第一阶段：严格限制阶段（20世纪80年代以前）。

1952年土地改革基本完成，紧接着开展农村合作化运动，此时大批农村青年涌入城市。到1958年"大跃进"运动开展时，由于全国闹饥荒，大批农村青年被迫从城市返回农村，同年国家出台了《中华人民共和国户口登记条例》，这是第一个限制城乡人口自由流动的法令，从根本上割裂了城乡的联系，使得城市居民和农村居民有了截然不同的身份，导致我国二元社会结构的形成，之后所有的中国人开始失去了流动的自由。

第二阶段：恢复与发展阶段（20 世纪 80 年代）。

1978 年党的十一届三中全会之后，农村开始实行家庭联产承包责任制。由于家庭联产承包制的推行，农村劳动力开始悄悄流动，但流动空间及范围比较狭窄。农业生产力的发展和农业生产的季节性特征使农村剩余劳动力问题也凸显出来。1984 年，随着城市第二、第三产业的发展，对劳动力的需求迅速增加，西部农村劳动力逐渐向广东、福建等沿海城市流动。此时，对农村劳动力流动的描述由歧视性的"盲流"一词转变为"民工潮"。1989 年，国家对农村劳动力流动又有所限制。总之，在 20 世纪 80 年代，政府对农村劳动力流动的限制政策时松时紧。

第三阶段：快速发展阶段（20 世纪 90 年代至今）。

1993 年党的十四届三中全会通过的《中共中央关于建立社会主义市场经济体制若干问题的决定》提出，要鼓励和引导农村劳动力的有序流动。同年 12 月，国家出台《关于建立社会主义市场经济体制时期劳动体制改革总体设想》，打破了职工身份的界定，扩大了公平竞争的范围，基本形成了现代劳动力市场体系。至此，农村劳动力的流动完全合法化，我国农村劳动力流动开始了新一轮高潮。到 2014 年，我国农民工达 2.73 亿，其中 61.4% 为外出流动劳动力（《2014 年全国农民工监测调查报告》）。

在过去 30 多年的时间里，西部农村劳动力的职业流动经历了由无序到有序、由低层次到较高层次的演变，但从整体来说，农村青年就业结构仍处于中低层次，稳定性较差。

二　西部农村青年职业流动的现状

相比改革开放初期，西部农村青年职业流动的渠道拓宽了许多，由原来的高考、当兵、招工等几种有计划的流动方式，演变为自发的职业流动。从流入地区看，由东南沿海地区向全国各地流动；从行业分布看，由传统的建筑业、制造业、餐饮服务业向电子、维修等行业流动；从流动的动机看，也出现了多元化趋势。我们曾在陕西某村做过全面调查，结果显示，西部农村青年外出务工的原因主要是"务农收入低""不喜欢务农""在家没事做"，分别占样本数（327 份）的 47.1%、47.7%、41.9%。在外出务工的动机中，"务农收入太低"和"不喜欢务农"成为最主要的原因。同样地，在再次职业流动的过程中，"现有工作收入太低"依然是很多青年选择跳槽的重要原因。值得注意的是，"80 后"农村青年对教育或培训机会和个人职业发展机会也很看重，60% 以上的被调查者表示，愿意为了培训、学习而暂时放弃现有工作，这种提升自我人力资本水平和增加自我发展机会的强烈愿望甚至成为他们职业转换的原因之一。因此，他们的职业流动周期为 17.3 个月，低于全国农民工职业流动的平均周期。

三 西部农村青年职业流动的特征

（一）西部农村青年主要流向经济发达的区域和城市

在城乡经济存在差异的现实情境下，西部农村青年的初次就业都是向非农产业转移。但是，西部农村商品经济比较落后，第二、第三产业发展较缓慢，对农村剩余劳动力的吸纳能力有限。因此，西部农村青年的初次就业地大多为大中城市和沿海发达地区。据调查，80%以上的西部农村青年常年在外打工，60% 的 30 岁以上劳动者至少去过 3 个城市。在经历了以"长见识"为主要目的的职业流动之后，有些人逐渐开始考虑自己的职业前途，经济收入和职业前景成为他们职业选择和职业流动中考虑的重要因素。

（二）西部农村青年职业流动的信息来源主要是熟人圈

农村的熟人文化，形成了难以改变的思维定式——"抱团"和"凭关系"。初出家门的农村青年对家乡之外的陌生城市怀有一定的戒备感和恐惧心理，他们更愿意在求职的时候结伴而行，通过亲戚、同学、朋友和熟人引荐获取工作机会，这一结论与全国其他地区的农民工情形相似。李培林（2001）[125]；钟甫宁等（2001）[138]在调查中发现，①西部农村青年很少通过职业中介寻找工作，一方面，是因为他们无法判断中介的真伪，担心上当；另一方面，他们的职业流动太频繁，每次的中介费也是一笔不小的开支。②西部农村青年很少利用网络寻找工作。当今社会，青年人个个手机不离身，但调查得知，西部农村青年很少利用网上的招聘信息寻找工作。他们对手机的使用主要是打电话、发信息、打游戏、看视频和玩微信。80%的受调查者没有上网查询的习惯，30%的受调查者不会在网上查询相关就业信息。

（三）西部农村青年职业流动频繁，就业稳定性较差

西部农村青年的初次就业方向，大多是经济较发达的大中城市或沿海发达地区，就业地的生活条件和生活节奏与西部乡村有很大差别。由于缺乏对新环境的充分了解，准备不充足，部分西部农村青年无法确定自己的就业目标，不断变换工作，以期在一次次的尝试中逐渐寻找适合自己的就业领域，最终实现自我职业地位的提升。从表4-1中可以看出，西部农村青年职业流动的次数多集中在1—2次，这与我们所调查群体的年龄层次比较低有关，但是次数在3次以上所占比例仍然较大，占到总人数的39.9%，反映出西部农村青年职业流动的频繁性以及就业的不稳定性。

从性别角度来看，男女在职业流动次数上差距不是很明显。男性、女性职业流动次数多集中在2次，分别占各自总人数的28.2%、28.8%，但是流动次数在3次以上的比例仍然较大，占比分别为39.8%、39.9%。从这些数据中可以看到，男女在职业流动方面差距不大。一方面，城市中生活和工作压力越来越大，工作相对不是很好找，西部农村青年跳槽的机会成本比较大，从而使得其放弃跳槽，转而在原单位兢兢业业工作；另一方面，女性在家庭中承担的经济责任也越来越大，很多女性为了增加家庭收入，职业转换已经慢慢理智化。

表4-1　　　　　西部农村青年职业流动次数　　　　　单位:%

流动次数	0次	1次	2次	3次	4次	5次及以上
总体	14.4	17.3	28.4	17.6	9.6	12.7
男性	15.5	16.5	28.2	15.5	8.8	15.5
女性	12.7	18.6	28.8	21.2	10.2	8.5

资料来源：本篇实证数据皆来自西安财经学院课题组调查问卷。

（四）西部农村青年长期滞留在层次较低的行业

职业是反映社会地位的重要标志，职业流动是农村青年劳动力流动的重要形式。从理论上讲，青年人的初次就业与其以后的职业发展有很重要的关系。但是，田艳平（2013）[139]研究指出，不论是初次职业还是再次职业，农村青年大多是在次级劳动力市场工作。周运清等（2002）[140]认为，农民工的社会地位及身份并没有随着职业流动发生本质变化，只是一种横向的非正式流动，其主要原因是农民工缺少充足的社会资源和人力资源积累；也有人认为，因为前次职业业绩不能累积，社会地位上升途径单一，各次职业获得的相关性很弱，所以农民工再次职业流动实现地位上升的较少，职业始终维持在较低的层次（殷晓清，2001[141]）。整体来说，我国学者的大多数研究表明，农民工的职业流动只是水平流动而不是垂直流动，无论是职位还是收入水平，都没有产生显著的正面影响。

从图4－1中可以看到，在调查数据当中，西部农村青年初次从事的职业多集中在建筑业，占到23.3%，其次是居民服务、维修及其他服务业，所占比例为22.4%。由此可见，西部农村青年进入城市务工，大多在次级劳动力市场从事体力型劳动。

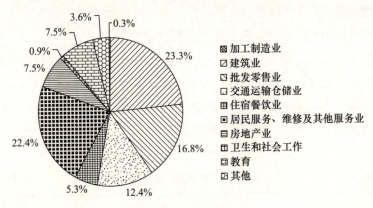

图4－1　初次从事工作

为了更好地比较职业流动情况，采用李春玲等的职业声望分类法，测算并判断样本中农村青年的职业流动情况，如表4－2所示。

由调查结果可以看出，有53.8%的西部农村青年的职业地位没有提升，只是在同一层次上不断变换，就业稳定性不高。但是，也有30%的西部农村青年实现了职业的向上流动，显示出了西部农村青年职业地位上升的良好趋势。还有16.2%的调查对象，随着流动次数的增加，职业地位不升反降。对此现象，将通过个案研究进行分析。

表 4 - 2　　　　　　　　　　**职业声望值**

声望值变化（正值表示职业向上流动，负值表示职业向下流动，0 表示职业水平流动）	样本数	声望值变化者占总样本比重（%）
正值	98	30
负值	53	16.2
0	176	53.8

总体来说，西部农村青年职业流动多呈水平方向，有少数青年是向上流动，实现了职业层次的提高。一般来说，职业向上流动分为两种情况：一是初次从事体力型劳动，在亲朋好友的帮助下逐步转为个体经营；二是初次从事体力型劳动，后来通过接受继续教育和职业技能培训，使自己的职业地位得以提升，并成为技术骨干，但这种情况仍是少数，因此职业向上流动的比例较小。

第四节　西部农村青年职业流动的制约因素分析

为了真实而全面地了解西部农村青年职业流动的困境，我们先后于2011年寒假、2012年暑假、2013年暑假三次深入农村和建筑工地，采用多阶段、分层、随机抽样相结合的方法选取调查对象，调查方式为访谈式问卷调查，共发放问卷500份。本部分的实证分析，就是在问卷调查的基础上进行的，基本思路是以新生代农民工为主体，以老一代农民工为参照，从代内和代际两个角度分析农村青年职业流动的制约因素，以期寻找解除困境的路径。

在500份问卷中，我们筛选出有效问卷479份。新生代农民工和老一代农民工划分的依据是以出生年份 1980 年为界。其中，新生代农民工 333 人，占调查样本总数的 69.5%；老一代农民工 146 人，占调查样本总数的 30.5%。如表 4-3 所示，样本具体情况如下：

从文化水平看，新生代农民工中，高中及以上受教育程度者比老一代农民工高 20 个百分点。从年龄结构看，新生代农民工的平均年龄是 25.5 岁，老一代农民工的平均年龄是 42.9 岁，调查对象的最小年龄是 18 岁（我国法律规定的完全行为自然人的年龄是 18 岁），最大年龄是 68 岁。新生代农民工年龄主要集中在 22—25 岁，这个年龄段是新生代农民工从学校到社会的一个转折点。18—22 岁是他们从不同层次的学校进入社会的阶段；23—30 岁是很多人结婚生子的时期，来自家庭的责任会减少他们的外出动机。老一代农民工年龄主要集中在 41—47 岁，他们的外出与改革开放的大背景关系较密切。从性别结构看，新生代农民工中男性占 62.57%，女性占 37.52%。老一代农民工中男性占 70.3%，女性占 29.7%，男女比例相差较大。

所获得有效样本的整体教育情况如下：新生代农民工文化水平小学及以下人数占 9.5%，初中文化水平的占 53.4%，高中及以上的占 37.1%。老一代农民工中小学及以下文化水平者比新生代高 6.7 个百分点，初中水平的比新生代高 13.3 个百分点，高中及以上的比新生代低 20 个百分点。从性别差异看，男性农民工和女性农民工在文化水平上也有所差异，继九年义务教育后，再教育男性比例比女性稍高。由表 4-3 可知，新生代农民工的文化水平主要集中在初中和高中及以上，而老一代农民工的文化水平主要集中在小学和初中，新生代农民工明显比老一代的文化水平有所提高。

表 4-3　　　　　　　　　调查样本的描述性统计

变量		新生代农民工	老一代农民工
性别（%）	男	62.57	70.3
	女	37.52	29.7
年龄（岁）	最小年龄	18	33
	最大年龄	32	68
	平均年龄	25.5	42.9

续表

变量		新生代农民工	老一代农民工
受教育程度（%）	小学及以下	9.5	16.2
	初中	53.4	66.7
	高中	21.7	10.8
	大专及以上	15.4	6.3
户籍所在地（%）	农村	83.87	89.3
	城市郊区	10.71	4.4
	边远山区	2.8	2.7
	城中村	2.8	3.6

资料来源：由调查问卷整理所得。

一 西部农村青年职业流动影响因素的综合分析

人力资本水平差异直接影响着劳动者的职业流动方向和职业地位，因此，本部分拟从人力资本的代际差异来分析影响该群体职业流动的重要因素。分析过程中，用工作变动次数直接描述新生代农民工职业流动频率，分别考察性别、年龄、户籍所在地、受教育程度、培训次数、婚姻状况、家庭劳动力数量、子女及老人数量、职业层次、工作时间等与职业变动次数的关系。

（一）变量设置及解释

性别：因性别为虚拟变量，故设定男性为 1，女性为 0，女性作为参考项。

年龄：被调查者的年龄大小，为方便起见，分为不同的年龄段（见表 4-4）。

教育程度：设置四个层次，小学及以下以 0 作为参考项。

职业培训：以真实的培训次数作为变量。

婚姻状况：在原来调查数据中没有设置此变量，后来做的补充调查将此变量纳入自变量中。被调查者的婚姻状况为有配偶和无配偶，无配偶又包括没有结婚、离婚、丧偶等，我们在分析的过程中把离婚、丧偶这两种情况都归为未婚，最后样本确定已婚和未婚这两种情况。在建立模型过程中，设定已婚为 1，未婚为 0，未婚作为参考项。

职业层次：设置三个层次，低端职业为 0 作为参照组。

表 4 - 4 主要自变量的设置与解释

变量类型	变量名称	变量赋值/单位
个人特征	性别	男性为 1，女性为 0
	年龄	按阶段划分
	户籍所在地	农村为 0，城市郊区为 1，边远山区为 2，城中村为 3
	代际差异	新生代农民工为 1，第一代农民工为 0
人力资本特征	文化程度	小学及以下为 0，初中及高中为 1，大专及以上为 2
	职业培训	培训次数
家庭特征	婚姻状况	已婚为 1，未婚为 0
	家庭劳动力数量	（个）
	子女及老人数量	（个）
工作状况	工作时间	（时）
	职业层次	低端职业为 0，中端职业为 1，高端职业为 2

在对某现象进行数量上的详细研究中，如果研究者想要对研究的对象做实证分析，那么建立模型是必要的，最基本的工具是建立回归模型，而模型的选择主要受变量特征的影响。在本书的研究中，因变量只能取非负数，并且该数值是不连续的，所以我们运用非参数统计中的交叉列联表来分析。通过对交叉列联表的结果进行分析，能很好地反映这两个因素之间的相关性。但是要得到变量间相关性的强弱，仅靠描述性的统计数据是远远不够的，因此需要借助二元 Logistic 回归模型来进一步深入分析，借此来研究农民工职业流动影响因素的代际差别。

（二）影响农民工职业流动的因素分析

运用交叉列联表对农民工性别、年龄、户籍所在地、受教育程度、职业培训次数、婚姻状况、劳动力数量、子女及老人数量、工作时间、职业层次等因素进行分析，农民工代际职业流动影响因素的交叉列联表结果如表 4 - 5 所示。

由表 4 - 5 可知，农民工的个体情况、人力资本特征、家庭特征

和工作环境对新老一代农民工工作变动次数有不同程度的影响。

表4-5　职业流动影响因素的交叉列联表代际比较的分析结果

卡方检验　　　影响因素	卡方值		自由度		双尾相伴概率	
	新生代	老一代	新生代	老一代	新生代	老一代
性别	0.414	1.225	1	1	0.520	0.268
年龄	17.316	35.127	14	27	0.240	0.136
户籍所在地	0.706	1.917	3	3	0.872	0.590
受教育程度	12.709*	31.936*	3	3	0.005	0.000
培训次数	31.736*	37.846*	4	3	0.000	0.000
婚姻状况	0.857	14.756*	1	1	0.355	0.000
家庭劳动力数量	12.792*	26.305*	3	12	0.005	0.010
子女及老人数量	20.003*	12.408*	3	3	0.000	0.006
职业层次	2.934	17.562*	2	2	0.231	0.000
工作时间	51.188*	18.485*	6	5	0.000	0.002

注：* 表示在 0.05 水平下显著。

农民工的个人基本情况对他们变动工作次数的影响不显著。模型的估计结果显示，性别、年龄、户籍所在地等双尾相伴概率值都大于0.05，说明不论是对于新生代农民工，还是老一代农民工来说，性别、年龄、户籍所在地与工作变动次数的关系不显著。这个结论可以从农民工就业层次进行解释，因为农民工主要就业于次要劳动力市场，户籍、性别等因素对他们的工作变动也没有根本影响。同时，年龄越大，工作变动的可能性越小。

人力资本的全部因素对农民工的工作变动都有显著的影响。受教育程度和培训次数与农民工的工作变动次数都具有相关性，对老一代农民工和新生代农民工的影响是显著的。

家庭层面的因素对新生代农民工和老一代农民工的工作变动次数的影响不同。对老一代农民工来说，婚姻状况、家庭劳动力数量、子女及老人数量对工作变动次数都有显著影响。这也充分说明了一个家庭对老一代农民工工作稳定性的影响，已婚的老一代农民工的工作更稳定。对于新生代农民工来说，虽然婚姻状况与工作变动次数的关系不显著，也呼应了现在离婚率一直上升这一现象，但是家庭劳动力数量、子女及老人数量对工作变动次数的关系都有显著影响，说明他们还是有责任感的一代。

工作状况对农民工工作变动次数也有显著影响。研究表明，工作时间对他们的工作变动次数都有显著的相关性，职业层次对老一代农民工工作变动次数有显著的影响，而对新生代农民工工作变动次数没有显著影响。某种程度上劳动者工作时间的长短能够直接反映他们的工作强度，随着工作时间的延长，工作强度逐渐变大，农民工所承受的压力也在逐步变大，所以直接影响着他们的工作变动次数。又因职业层次高的行业门槛较高，而农民工自身的水平决定了他们几乎不可能进入较高层次的行业，长期的简单劳动并不能显著提高他们的人力资本水平，也难以提升他们的职业层次。

二　西部农村青年职业流动影响因素的回归分析

为了进一步说明工作变动影响因素与农民工职业流动之间的数量关系，在由交叉列联表得出结论的基础上，运用 Logistic 回归模型，对新生代、老一代农民工的职业流动进行实证分析。考虑到资料的可获得性，本部分结合调研数据，只对西部农村外出打工的青年群体（即新生代农民工和老一代农民工）进行分析，并在后文采用收集到的典型案例，对高考进城和留乡群体的职业流动进行对比分析，以说明西部农村青年的职业流动及其主要制约因素。

（一）新生代农民工职业流动的 Logistic 回归分析

通过交叉列联表分析可知，新生代农民工与老一代农民工职业流动的影响因素有一定的差异性。本书选取工作是否变动为因变量，这一变量是一个二分类变量，工作变动编码为 1，否则为 0。我们将运用 Logistic 模型分别对他们工作变动的影响因素进行具体分析，见表 4-6。

第一，初中及高中文化水平对职业流动有显著影响，而拥有大专及以上文化水平的劳动者对职业流动的影响不显著。初中及高中文化水平的新生代农民工职业流动性与小学及以下教育程度概率比例的对

表 4 - 6　　　　　新生代农民工职业流动影响因素分析

自变量	系数	相伴概率	Exp（B）
文化程度（小学及以下为参照组）			
初中及高中	2.100	0.015	8.169
大专及以上	0.649	0.535	1.913
职业培训（以 0 次为参照组）			
培训次数（1 次）	0.393	0.563	1.481
培训次数（2 次）	-2.084	0.002	0.124
培训次数（3 次或 4 次）	0.638	0.492	1.893
家庭劳动力数量	0.762	0.036	2.142
子女及老人数量	-0.976	0.005	0.377
工作时间	1.379	0.000	3.970
常数	-9.870	0.001	0.000

数是 8.169，教育水平为大专及以上农民工职业流动性与小学及以下教育程度概率比例的对数是 1.913。也就是说，文化程度为小学及以下的新生代农民工职业流动性最小，主要是因为他们社会资源薄弱，技能缺乏，社交较为狭窄。目前社会对劳动者的文化水平较为重视，基本要求初中毕业。由于社会资源、学历、经验都比较丰富，变动工作成本较小，当工作不如意时，选择变动工作的可能性增强，所以，初中及高中文化程度的新生代农民工职业流动性最高。新生代农民工随着文化水平的提高，职业流动性呈倒"U"形变动。根据信号筛选理论，劳动者的能力与获得信号需要投入的成本呈反方向变动，能力比较高的人往往支付较低的成本就能获得较高的受教育水平，因此文化水平的高低直接反映该劳动力能力的大小，是雇主在信息不对称的条件下鉴别劳动力能力的有效依据。所以，文化水平往往成为选拔求职者的重要依据。因此，受教育程度高的新生代农民工获得较高职业地位的机会较多，就业层次也就比较高，故其职业流动性较低。相对应地，文化水平比较低的新生代农民工就业层次低，也就导致了他们比较高的职业流动性。

　　第二，培训次数 2 次对职业流动有显著的影响，而 1 次、3 次或 4 次对职业流动的影响不显著。回归结果显示，农民工接受培训的次数

与职业流动性并没有明显的线性关系，而是随着培训次数的增加呈倒
"V" 形趋势，在 "2 次培训" 处出现了拐点。初中及高中毕业的新
生代农民工，由于缺乏必需的专业知识，尽管接受过 1 次培训，仍然
不能胜任高层次的职位；随着专业知识和工作经验的积累，再次培训
使其工作技能得到迅速提高。而当培训增加到 3—4 次或者更多时，
他在这一领域的专业知识和经验就会不断提高。较高的人力资本水平
使其在职场中站稳了脚跟，并且还可能带来工作岗位或职业层次的提
升、工作环境的改善和收入的提高等。在这种情形下，受训者离职或
更换工作的可能性将下降。因此，更多的培训次数反而降低了农民工
职业流动的概率。对新生代农民工来说，职业培训的作用甚至超过了
学历教育，接受培训成为其由低阶层向高阶层流动的重要因素。因
此，对于低职业层次的农民工来说，要实现向稳定阶层的职业流动，
教育和培训等提升人力资本水平的策略尤为重要。

　　第三，家庭特征对新生代农民工职业流动具有显著的影响。家庭
劳动力数量与职业流动性呈正相关关系，随着家庭劳动力数量的增
加，职业流动的可能性也是增加的，家庭成员中工作的人数越多，每
个人的负担就相对轻些，在换工作的时候后顾之忧就少些。反之，若
家庭劳动力数量较少，因个人的负担较重，在换工作的时候就会比较
慎重，所以转换工作的可能性会比较低。而子女及老人数量与工作变
动呈负相关关系，子女及老人数量多，说明家庭的负担较重，导致新
生代农民工不会轻易变动工作。

　　第四，新生代农民工是否发生职业流动与工作条件也有紧密的关
系。我们选取工作时间及职业层次作为衡量新生代农民工工作环境的
指标。由于职业层次对新生代农民工的职业流动没有显著影响，所以
在此就不再深入分析。随着工作时间的延长，职业流动的可能性在不
断地调高。因为工作时间较长，说明其工作压力较大，所以更倾向于
变动工作。

　　(二) 老一代农民工职业流动的 Logistic 回归分析

　　接下来对老一代农民工的职业流动影响因素进行详细的分析。根
据调查数据对模型进行参数估计，结果见表 4-7。

表4-7   老一代农民工职业流动影响因素分析

自变量	系数	相伴概率	Exp（B）
婚姻状况	−1.678	0.001	0.187
文化程度（小学及以下为参照组）			
初中	−0.042	0.944	0.959
高中	−2.352	0.001	0.095
大专及以上	−3.431	0.001	0.032
职业培训（以0次为参照组）			
培训次数（1次）	−0.222	0.692	0.801
培训次数（2次）	−1.286	0.029	0.276
培训次数（3次或4次）	−3.686	0.000	0.025
家庭劳动力数量	0.505	0.102	1.656
子女及老人数量	−0.945	0.001	0.389
工作时间	0.635	0.009	1.888
职业层次（低端职业）			
中端职业	0.892	0.219	2.439
高端职业	2.987	0.043	19.834
常数	−0.838	0.728	0.433

需要注意的是，对老一代农民工的受教育程度划分和新生代农民工有些许差异，本部分将老一代农民工的文化程度划分为小学及以下、初中、高中和大专及以上四个层次，其中，小学及以下为参照组。

第一，虽然婚姻状况对新生代农民工来说，对是否发生职业流动没有显著影响，但是在老一代农民工中未婚者比已婚者流动频率高。究其原因，一方面，未婚者年龄相对较小，外出工作时间较短，还处在适应社会环境时期。而已婚者的年龄偏大，思想较为成熟，拥有更丰富的工作经验，对未来有明确的规划和目标，职业发展逐渐稳定。另一方面，对于未婚者来说，还未组建自己的家庭，经济压力较小，也不需要承担赡养父母和抚养小孩的责任。而已婚者就不同了，面临着家庭带来的物质方面和精神方面的双重压力，此时拥有一份稳定的工作尤为重要，而频繁的工作变动会增加流动的成本和风险，也就是说，这部分人更加重视工作的稳定性。

第二，对老一代农民工而言，职业流动与受教育程度呈反方向变动，受教育程度越高，职业流动的可能性就越低。也就是说，文化程度为小学及以下的老一代农民工职业流动的可能性是最高的。初中文化程度的老一代农民工的职业流动与小学水平职业流动概率比例对数为 0.959，高中和大专及以上与小学职业流动概率比例对数分别为 0.095 和 0.032。出现这一状况，主要是因为，老一代农民工中学历高的很多集中在国有部门和企业中重要的管理职位，工作稳定，待遇较好，流动的可能性较低。相反，学历低的老一代农民工就业不稳定，流动的可能性更高。

第三，职业技能作为一种人力资本，主要通过职业培训来实现，对老一代农民工的工作稳定性有着很大的影响。老一代农民工的职业培训与其职业流动与否呈明显的反向变动关系，随着职业培训次数的增加，老一代农民工的职业流动的可能性逐渐降低，并且 2 次及以上的培训对职业流动的可能性的影响非常显著，说明这部分老一代农民工工作经验丰富，技能成熟，能在本单位得到重用和获得更大的发展空间，因此他们职业流动的可能性就比较低。没有接受培训或者培训过 1 次的，由于经验不足，技能不够成熟，仍然不能胜任高职位，所以其职业流动的可能性相对高些。

第四，家庭特征对老一代农民工是否变动工作具有显著的影响。子女及老人数量对老一代农民工是否变动工作有显著的影响，与职业流动性呈负相关关系。因为子女及老人数量越多，家庭的负担就越重，考虑到家庭的因素老一代农民工不会轻易地变动工作。但家庭劳动力数量对工作变动的影响不显著，原因可能是老一代农民工由于时代背景的原因养成了吃苦耐劳、责任心强的性格特征，并且对生活质量要求较低，一般不轻易变动工作。

第五，老一代农民工职业流动的可能性与工作条件也有紧密联系。我们同样选取工作时间、职业层次作为衡量老一代农民工工作环境的指标。职业流动的稳定性随着工作时间的延长不断降低。因为工作时间较长，说明其工作压力较大，所以更倾向于变动工作，这点与新生代农民工的流动性没有差异。而职业层次与老一代农民工的工作变动呈正相关关系。中端职业对老一代农民工的工作变动没有显著影响，但高端职业对老一代农民工的工作变动有显著影响，高端职业的流动频率对低端职业的概率比例对数为19.834，高端职业的劳动者不论是工作经验的积累还是文化水平都较高，很容易受到其他公司的青睐，他们更容易向上流动。

综上所述，从两代农民工职业流动影响因素的回归结果来看，第一，通过对农民工职业流动影响因素的分析可知，人力资本积累对新生代农民工职业流动有显著影响。人力资本包括劳动者的受教育程度和职业培训两个方面，受教育程度的高低和职业培训的次数直接影响着农民工的职业流动，所以为了确保新生代农民工职业流动的有序进行，有必要在这两个方面进行资本投入。

（三）两代农民工职业流动的比较分析

1. 职业流动路径的选择

农民工就业渠道较窄，获得工作的方式也比较单一。初次获得工作的主要方式有家人或亲戚的介绍、老乡或同学的帮忙。新生代农民工通过这两种途径获得工作的比例分别为52.6%、25.7%，老一代农民工这一比例分别为50.5%、23.4%。老一代农民工通过劳动力市场或中介、企业直招、政府组织劳务流动或者提供就业信息等方式获得工作所占的比例仅为26.1%。但是新生代农民工通过劳动力市场或者中介方式获得工作所占的比例比老一代农民工高出5.4%。由企业直招方式获得工作的老一代农民工不及新生代农民工的一半，这也印证了现在越来越多的企业进入校园招聘的事实。然而随着工作经验的积累，再次变动工作时获取工作的方式与初次获得工作的方式仍然没有太大的差别。但是依靠家人或亲戚介绍的方式获得工作所占比例明显下降，而依靠老乡或同学帮忙获得工作的比例明显上升。因为已经在外务工一段时间，积累了一定的社会关系网，所以说靠朋友介绍工作的农民工所占比例逐渐增加。政府部门提供工作的比例虽有所提升，但仍然不足以成为他们获得工作的主要方式。

2. 工作变动的次数

农民工进入城市后，大多数都经历过一次及以上的工作变动。其实农民工的流动不仅局限于从农村到城市，还包括不同行业、不同职业的流动，即职业转换。因为老一代农民工的文化水平较低，并且很少接受职业培训，只能在劳动密集型的行业，即低端产业就业，所以转换工作比较困难，工作变动次数较少。而新生代农民工职业流动显然较老一代农民工频繁（由于新生代农民工工作时间远比老一代农民工短，但是工作变动次数比老一代农民工多，可知新生代农民工的职业流动较为频繁），如表4-8所示，23—27岁的新生代农民工的工作变动次数最多，职业流动性最强，其规律是随着年龄的增长这种变动逐步下降。而老一代农民工的工作变动规律同新生代农民工类似，但是老一代农民工工作变动次数明显较新生代农民工低，即老一代农民工的职业稳定性较强。

表4-8 不同年龄段农民工的工作变动次数 单位：次

年龄段	18—22岁	23—27岁	28—32岁	33—37岁	38—42岁	43—47岁	48岁以上
工作变动次数	1.94	2.19	2.07	1.71	1.66	1.64	1.43

3. 职业流动的方向

职业能够体现一个人所处的社会阶层，职业流动是农民工流动形式中最常见的一种。通过考察农民工职业流动的方向，能够知晓他们的社会地位是向上变动还是向下变动。本部分把农民工的职业分为三个层次：低端职业、中端职业和高端职业。由表4-9可知，新生代农民工和老一代农民工初次从事低端职业的比例分别为83.0%和85.9%，而新生代农民工从事中端职业和高端职业比例之和不到1/5，老一代农民工所占比例更低，说明不论是新生代农民工还是老一代农民工，初次从事职业都是低层次的职业。新生代农民工现从事低端职业比例比初次下降了7.1%，老一代农民工下降了7.9%，从事中端职业的新生代农民工上升比例也没有老一代农民工高，但从事高端职业的新生代农民工上升比例明显比老一代农民工高，原因是新生代农民工的文化水平较高，工作经验积累到一定程度时，职业地位会有较大程度的上升。虽然部分农民工有向上流动的趋势，但整体来说，不论是新生代农民工还是老一代农民工，大都是水平流动的，职业地位也没有发生明显的变化。

表4-9　　　　　　　　　不同代际农民工职业的构成　　　　　　单位:%

	初次从事职业		现从事职业	
	新生代农民工	老一代农民工	新生代农民工	老一代农民工
低端职业	83.0	85.9	75.9	78.0
中端职业	15.0	13.1	15.4	17.3
高端职业	2.0	1.0	12.6	4.7

4. 职业流动的原因

新生代农民工和老一代农民工离职的首要原因就是收入低，这与他们在择业时将收入因素作为主要考量是契合的，因为收入不仅要满足他们基本生活的需要，补贴家用，而且要满足他们精神上的需求（培养自己的兴趣爱好）以及个人人力资本的积累（比如学习培训）的需要，收入是他们生存的基础。而且，新生代农民工比老一代农民工更加在乎工资待遇。

农民工职业流动的第二个考虑因素是有更好的工作机会，分别占新老两代农民工离职原因的38.3%和28.8%。这说明农民工在选择工作时，除需兼顾经济方面的因素外，还要考虑发展层面的因素，并且也要争取当前的经济利益，实现长远的资本积累，同时还要考量将来的发展情况。也就是说，没有技术要求和发展前景的工作，即便工资再高，也不会成为农民工的首要选择，在这一点上，两代农民工有极强的相似性。但就这一因素对离职的影响来看，新生代农民工比老一代农民工高出近10个百分点。

农民工职业流动的第三个考虑因素是工作环境，因工作太辛苦离职的新生代农民工比老一代农民工高出6个百分点，这也证实，新生代农民工缺乏吃苦耐劳的精神，注重物质和精神上的享受。但这并不能说明新生代农民工职业素质比老一代农民工职业素质低，而是新生代农民工自我保护意识逐渐增强，不再满足于出卖廉价的劳动力，在比较利益的情形下，更愿意选择适合自身条件的工作，通过相对较轻松的劳动获得较高的福利，更重要的是能学到更多更有用的东西。而老一代农民工考虑的是与以前工作经验或技术的关联度，因其教育水平的限制，已经积累的工作经验对他们尤其有利。

　　此外，影响农民工离职的还有其他因素，比如，个人情感和意愿等因素，"不适应或不喜欢"也是他们离职的原因之一。这说明新生代农民工在选择职业时会顾及个人的内心喜好，或者说是个人的理想和愿望。可见新生代农民工不再仅满足于工资水平的提高，他们还在发展机会和个人诉求方面有一定的考量，同时说明新生代农民工向上流动的意愿更强烈些。又比如"学习技术"，因为这个原因离职的新生代农民工比老一代农民工低 1.9 个百分点，可能是因为新生代农民工文化素质较高，有些技术在校期间有接触或者实习过。当然，"自主创业"也是他们职业流动的另一个原因。调查显示，因自主创业离职的新生代农民工比老一代农民工低 2.0%，其原因可能是老一代农民工要肩负整个家庭的重担，而新生代农民工相对来说就轻松很多。还有很少一部分人把原因归为其他类，根据访谈和调查的结果，大概有以下几类：离家太远、结婚生子、学习深造等。

表 4-10	离职原因的代际差异	单位:%
	新生代农民工	老一代农民工
收入低	49.8	43.2
有更好的工作机会	38.3	28.8
太辛苦	24.9	18.9
不适应或不喜欢	18.6	16.2
学习技术	7.1	9.0
自主创业	4.3	6.3
其他	4.3	9.9

5. 劳动维权的意识

　　如表 4-11 所示，新生代农民工没有签订合同的比例不到老一代农民工的 1/2，说明新生代农民工的劳动保障意识比老一代农民工强烈。而签订合同的比例新生代农民工较老一代农民工有大幅度的提升，尤其是 5 年以上期限较长的合同签订比例有明显的提高。由签订合同的状况可以看出，农民工的就业环境在逐步改善，就业权益得到保护，他们的维权意识也在逐步提高。

表 4 –11　　　　　　不同代际农民工签订合同的类型构成　　　　　单位:%

	没有签订	半年以下	半年到一年	1—2 年	2—5 年	5 年以上
新生代	26.9	23.7	30.0	13.0	5.1	1.2
老一代	68.6	12.0	11.0	3.7	4.7	0.0
合计	57.8	24.1	28.2	11.6	6.4	0.8

6. 收入变化的比较

农民工外出务工的主要原因就是收入，由调查数据可知，农民工在流动过程中，收入都没有下降，大部分是增加的，这与大多数学者研究的结论一致。在流动过程中，两个群体表现出来的特点有些差别。新生代农民工收入上升的比例是逐渐减小的，原因应该是边际报酬递减规律在起作用。虽然变动次数的增加会带来收入水平的提高，但频繁的跳槽不利于他们工资的稳定提高和工作经验的累积。新生代农民工收入水平提高比例低于老一代农民工，原因是老一代农民工工作时间长，积累的工作经验更丰富，专业技能更强等。

7. 职业层次的代际比较

代际之间的行业分布有着明显的分化趋势，新生代农民工主要分布在服务业、住宿餐饮等第三产业，老一代农民工主要集中在建筑业、制造业等第二产业。如图 4 - 2、图 4 - 3、图 4 - 4、图 4 - 5 所示，不管是老一代农民工还是新生代农民工，其职业层次不论是低端、中端还是高端，整体没有很大的变化，也就是说，农民工的职业流动基本是水平流动的。流动频率较高，职业稳定性较差，说明流动频率高对农民工来说是不利的。新一代农民工集中分布在服务业、住宿餐饮等第三产业的原因可能是新生代农民工文化程度相对较高，年轻有活力，对新事物接受较快，正符合新兴行业对劳动者的需求。

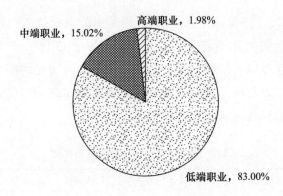

图 4 - 2   新生代农民工初次职业层次

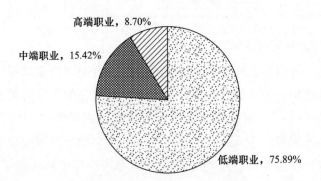

图 4 - 3   新生代农民工现职业层次

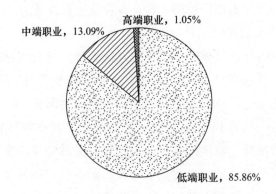

图 4 - 4   老一代农民工初次职业层次

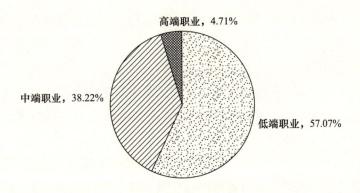

高端职业，4.71%

中端职业，38.22%

低端职业，57.07%

图 4-5 老一代农民工现职业层次

第五节 西部农村青年职业流动的收入效应分析

本部分我们从城乡比较的视角，分析西部城乡青年职业流动对其收入水平的不同影响，通过分析西部青年的个人特征、人力资本、职业流动等因素对收入的影响，找出城乡青年职业流动和收入差异的形成原因，在此基础上，给出提高西部农村青年就业和择业能力的策略建议，为西部农村青年的收入增长和城市融入提供帮助。

基于中国综合调查（CGSS）2008 年的微观数据，本部分选取16—35 岁西部省份青年为样本，根据个人和家庭基本情况、教育和就业状况、社会交往和求职情况等详细的调查数据，定量分析西部青年职业流动对其收入水平的影响，通过对西部青年职业流动频率、人力资本、社会资本等与其收入之间关系的量化，比较它们对收入的贡献率。并进一步探讨户籍对青年收入获得的影响，深入了解城乡青年不同的收入获得路径。

一 研究假设及变量说明

（一）研究假设

西部青年的职业流动是建立在其对经济收益和成本比较分析的基

础上的，根据工作搜寻和匹配理论，在非完全信息的条件下，劳动者会在劳动市场中进行工作搜寻，获得与自己相"匹配"的工作，从而得到较为满意的收入。劳动者在预期净收益不小于零的情况下才会进行职业流动，所以职业流动应该有助于收入的提升。因此"职业流动对收入水平有正向影响，并且初次职业流动对收入增长效果比较明显"这一假设应该是成立的。

此外，根据"干中学"理论，频繁的转换工作不利于"干中学"和工作经验的积累，农村青年的职业流动次数相对较多，并且非正规就业的比例较高，因此我们假设农村青年的收入可能不会随着职业流动出现显著增长。

（二）变量说明

为方便单独研究初次职业流动对收入水平的影响，我们将职业流动分成"是否发生职业流动"和"职业流动次数"两个方面进行考察。职业流动是指劳动者主动变换工作单位的行为，"被动流动"的数据被剔除，职业流动次数以工作单位转换次数来计算，同一部门内部的岗位变化不在考察范围内。"正规就业"是指在某一工作岗位上持续工作6个月以上，并且签订劳动合同的就业形式，"非正规就业"是指季节工、临时工、非全日制工等就业形式。

在调查数据中，人力资本主要体现为三项指标：一是受教育年限，二是工作年限，三是健康状况。根据明塞尔的人力资本模型，将工作年限作为工作经验和非正式培训的代理变量（"干中学"和在职培训难以测算）。收入受到教育年限、工作年限及其平方项的影响，因采用的是截面数据，平方项可以省略。教育年限为从小学算起接受正规教育的年限，工作年限为劳动者从事各种职业的时间总和（每份工作结束时间减去开始时间的加总，不包括农业劳动时间）。健康状况分为健康和不健康两种情况。

收入水平仅指职业流动所获得的货币工资，不包括社会保险及其他隐性收入。由于季节性工作和临时性工作收入获得有很大的不确定性，收入选用年工资，正规就业和非正规就业的收入都包含在内。

二　实证计量分析

(一) 样本基本情况描述

我们从调查数据中选取了 344 个样本，通过对发生过职业流动的样本和未发生过职业流动的样本进行简单对比，发现发生过职业流动的样本人力资本水平略高，并且在社会资本方面的优势更为突出。在具体的计量分析中，将职业流动分为"是否发生职业流动"和"职业流动次数"两部分。其中，在职业流动次数的研究中，将职业流动分成正规就业流动次数、非正规就业流动次数、职业流动次数平方、正规就业流动次数平方四个变量，因为职业流动次数是正规就业流动次数和非正规就业次数之和，存在共线性问题，所以使用后者即可。此外，为了考察职业流动次数和收入水平之间是否存在非线性关系，在模型中加入了职业流动次数平方项和正规就业流动次数平方项两个指标。

通过变量的描述性统计，对西部青年职业流动和收入情况可以有一个比较直观的了解。

表 4 – 12 的描述性统计结果不仅证明了数据的可靠性，而且还显示了一个现象：流动人口整体具有较高的职业流动性，但不同户籍流动人口的职业流动倾向较为不同。而职业流动的收入效应是否同职业流动倾向一样存在城乡差异，还必须在进行回归模型估计之后才能得出结论。

表 4 – 12　　　　　　　　模型变量的描述性统计

变量	总体		农村青年		城市青年	
	均值	标准差	均值	标准差	均值	标准差
个人特征变量						
性别（男性 =1）	0.49	0.50	0.54	0.50	0.44	0.50
户籍（农业 =1）	0.48	0.50				
婚姻状况（已婚 =1）	0.76	0.43	0.68	0.47	0.82	0.38
职业流动特征变量						
是否发生职业流动(流动 =1)	0.42	0.49	0.52	0.50	0.34	0.47
职业流动次数	1.19	1.52	1.15	1.21	1.23	1.76
正规就业流动次数	0.59	0.86	0.69	0.83	0.49	0.88
非正规就业流动次数	0.60	1.01	1.15	2.26	1.02	3.53
职业流动次数平方	3.73	11.27	0.45	0.78	0.73	1.17

续表

变量	总体		农村青年		城市青年	
	均值	标准差	均值	标准差	均值	标准差
正规就业流动次数平方	1.08	2.99	2.78	5.14	4.58	14.75
人力资本特征变量						
受教育年限	10.37	4.21	9.94	3.39	10.76	3.21
工作年限	21.85	4.73	21.63	4.51	22.05	4.92
健康自评（健康＝1）	0.92	0.27	0.95	0.22	0.89	0.31
收入的自然对数						
样本数	344		164		180	

注：表中数据均由 CGSS2008 原始数据统计而得。

根据假设建立以下半对数的多元线性回归模型：

$$\ln y_i = \alpha + \beta_i \times N_i + r_i \times X_i + \varepsilon_i$$

其中，y_i 为劳动者 i 在统计年一年的总收入，N_i 是一组表示西部青年职业流动特征的变量，X_i 是一组表示西部青年个人特征及人力资本和社会资本特征的控制变量，具体变量如表 4 - 12 所示。

（二）是否发生职业流动对西部青年收入效应分析

表 4 - 13　是否发生职业流动对西部青年收入的影响 OLS 回归估计结果

自变量	模型 1 西部青年	模型 2 西部农村青年	模型 3 西部城市青年
常数项	6.147 (22.836)***	6.609 (11.229)***	6.075 (17.073)***
个人特征变量			
性别（男性＝1）	0.261 (4.431)***	0.165 (3.076)***	0.365 (3.277)***
户籍（农业＝1）	-0.386 (-5.160)***		
婚姻状况（已婚＝1）	-0.458 (-1.668)*	-0.354 (-1.228)	-0.563 (-1.033)

续表

自变量	模型 1 西部青年	模型 2 西部农村青年	模型 3 西部城市青年
职业流动特征变量			
是否发生职业流动（流动 = 1）	0.415 （3.121）***	0.447 （2.705）***	0.302 （1.963）**
人力资本特征变量			
受教育年限	0.083 （2.752）**	0.037 （1.000）	0.103 （2.052）**
工作年限	0.044 （2.173）**	0.006 （0.209）	0.082 （2.557）**
健康自评（健康 = 1）	0.381 （0.974）	0.582 （1.116）	0.293 （0.489）

注：*** 表示 $p < 0.01$，** 表示 $p < 0.05$，* 表示 $p < 0.1$。

　　以上变量中，性别、户籍、婚姻状况、健康自评和是否发生职业流动均为虚拟变量，受教育年限为接受正规教育的年限，工作年限为劳动者从事各种职业的时间总和。采用 OLS 多元回归模型进行分析，模型拟合效果较好，R^2 在 0.3 以上，模型整体拟合检验的 F 统计量也拒绝原假设，模型估计较为稳健。

　　从模型回归结果来看，模型 1 显示的西部青年总体情况中，个人特征变量中的性别和户籍对收入存在显著影响，其中户籍对西部青年的收入影响较大，城市青年的职业平均收入比农村青年高出了 47%，说明城乡青年的收入差距是比较明显的。同等情况下，城市青年比农村青年更容易获得职业收入，城乡劳动力同工不同酬的情况仍然存在，户籍制度阻碍了农村劳动力的收入获得。个人特征变量中另一个显著性影响因素是性别，从西部青年总体的情况看，男性收入比女性收入多 29.8%，但是从统计样本比较中可以看出，西部青年中男性比女性拥有较高的人力资本和社会资本水平，在本部分我们没有以性别区分做模型对比，不能说明就业中存在性别歧视的问题。

是否发生职业流动对收入的影响比较明显，从西部青年总体来看，发生过职业流动的青年比未发生过职业流动的青年平均收入高出51.4%，这与我们假设中的职业搜寻和匹配理论是相符合的。与不流动相比，职业流动能够促使青年得到更加满意的收入，提高劳动报酬。并且，发生职业流动对农村青年的收入效应比城市青年高出21.1%，农村青年的职业流动多是从农业转向非农就业，因而，农村青年劳动力向城市的转移有助于他们提高自身的收入，缩小城乡收入差距。

此外，在人力资本特征变量中，受教育年限和工作年限也对西部青年收入产生一定的影响，其中，受教育年限每增加一年，收入增加8.6%，工作年限每增加一年，收入增加4.6%。但值得注意的是，受教育年限和工作年限对农村青年的影响并不显著，原因可能是，与城市青年相比，农村青年从事的多为对教育程度和工作经验要求不高的非脑力和非技术性的工作。

（三）职业流动次数对收入的影响

在职业流动次数对收入的影响中，我们想要了解职业流动次数和收入之间是否存在非线性关系，因此加入了职业流动次数平方项。在对数据的观察中发现，与城市青年相比，农村青年的职业流动次数较少，但是非正规就业的职业流动次数较多，所以在职业流动特征变量中添加了正规就业流动次数、非正规就业流动次数、正规就业流动次数平方三项指标，以便更加准确地考察农村青年职业收入的获得路径。

从模型整体效果来看，虽然模型都通过了拟合优度检验，但是城市青年的模型回归结果的相关性比农村青年的要好一些。这表明，农村青年和城市青年的收入获得受到了不同因素的影响，职业流动对收入的影响不尽一致，收入获得路径存在一定的差别。

从模型回归估计结果（见表4-14）可以看出，个人特征变量中性别和户籍因素、人力资本特征变量中的受教育年限和工作年限与"是否发生职业流动对收入影响"的模型结果大体一致，这些因素都对西部青年的职业收入产生了显著的影响，在此不再赘述。

表 4 – 14　职业流动次数对西部青年收入的影响 OLS 回归估计结果

自变量	模型 4 西部青年	模型 5 西部农村青年	模型 6 西部城市青年
常数项	6.185 (23.019)***	6.609 (11.229)***	5.537 (17.558)***
个人特征变量			
性别（男性 = 1）	0.338 (4.279)***	0.165 (3.076)***	0.235 (3.706)***
户籍（农业 = 1）	-0.323 (-5.339)***		
婚姻状况（已婚 = 1）	-0.429 (-1.508)	-0.350 (-1.152)	-0.476 (-1.726)*
职业流动特征变量			
正规就业流动次数	0.212 (2.792)***	0.201 (1.961)**	0.263 (3.232)***
非正规就业流动次数	-0.06 (-0.031)	-0.260 (-0.816)	-0.101 (-0.053)
正规就业流动次数平方	0.00 (0.015)	0.046 (0.698)	0.001 (0.048)
人力资本特征变量			
受教育年限	0.073 (2.409)**	0.033 (0.867)	0.126 (4.970)***
工作年限	0.042 (2.059)**	0.012 (0.368)	0.044 (2.155)**
健康自评（健康 = 1）	0.399 (1.011) 0.194 (4.834)***	0.576 (1.094) 0.199 (4.282)**	0.491 (1.242) 0.139 (4.896)***

注：*** 表示 $p < 0.01$，** 表示 $p < 0.05$，* 表示 $p < 0.1$。

值得注意的是，在职业流动次数的特征变量中，正规就业职业流动次数对西部青年的收入获得产生了显著的影响。对于西部青年总体而言，正规就业职业流动次数每增加一次，收入就会提高23.6%，并且，与农村青年相比，城市青年每次正规就业职业流动对收入的增长效果好大约7.8%，这一结果也可以作为解释户籍差异对收入影响的一个原因。此外，正规就业流动次数平方对城市青年的收入有较弱的相关性，说明随着正规就业职业流动次数的增加，城市青年的收入可能出现下降的趋势。

三 结论与讨论

以上研究表明，西部青年的职业流动有助于收入增长，尤其是"是否发生职业流动"和"正规就业职业流动次数"对西部青年的收入获得有显著的影响，并且农村青年和城市青年的收入获得路径并不完全相同，正规就业的职业流动更加有利于青年的收入获得。

与以往的研究相比，户籍和性别对收入的影响变化不大，户籍差别对城乡青年职业收入的获得产生了较大差异，这与传统的劳动力市场分割理论也是一致的。此外，西部青年的职业收入没有随着职业流动次数的增加而呈现倒"U"形曲线，原因可能有两个，一是因为研究对象为青年群体，职业流动次数只是其职业生涯中职业流动的一部分，流动的次数较少；二是青年时期的职业收入还很不稳定，职业收入随职业流动次数一直增长的相关性没有显现出来。

虽然非正规就业职业流动次数在模型中对收入的影响不显著，但是其弱的负相关性给了我们进行研究的新着眼点。我国农村青年就业中非正规就业比例较大，非正规就业职业流动次数的增加是否不利于其收入的增长，这一问题值得我们重视。此外，对于性别差异所引起的收入效应，本书没有使用单独的模型加以分析，男性与女性职业流动收入效应的差距是由人力资本导致的，还是由就业中的歧视原因造成的，这一问题同样值得我们进一步深入探究。

第六节 西部农村青年职业流动的 人力资本约束

——典型案例解析

在研究期间，尤其是实地调查过程中，我们听到了发生在新、老一代农民工身上的许多案例，从正反两个方面说明了人力资本在职业流动过程中的推动或抑制作用。为了增加本书的说服力，更主要的是为了给没有任何社会背景和社会资源的农家子弟展示一条自我奋进的路径，特意选取一些具有代表性的案例，说明知识型人力资本在职业流动中的推力。

一 经验型人力资本的局限

案例一：军营里"逼出来"的技能。

王某，20 世纪 50 年代中期出生，初中毕业后当兵，被安排在军营里当炊事员。用他的话说"在家从未干过做饭、洗衣之类的女人活"。刚开始，他只能给老兵当助手，慢慢地，煎、炸、蒸、煮样样都学会了。退伍后，先后在村里小学教工食堂、县城某机关食堂打工，20 世纪 80 年代末到广东某企业员工食堂当厨师长。

张某，"50 后"，曾为某部汽车兵。退伍后先后开过农用拖拉机、三轮车、大客车等。随着家用小汽车的逐渐增多，他开了一家汽车修理厂，以前在部队学过的汽车修理技术和多年对汽车知识的积累，让他干得得心应手。

案例二：电影里"偷出来"的本事。

沈某，20 世纪 60 年代末期出生，初中毕业开始打工，先后做过泥瓦工、粉刷工。从小喜欢唱歌跳舞的他，因为一部电影而喜欢上了当时流行的霹雳舞。于是他对电影中的动作反复模仿，竟也跳得像模像样，在附近小有名气。逐渐地，他加入了一些民间艺术团体，就像"大篷车"一样跟着四处演出。现在，他办起了自己的歌舞团，自编自导自演，成为方圆几十里内有名的民间艺人。

案例三：回炉后"炼出来"的能力。

齐某，20世纪80年代初期出生，初中毕业后南下打工。随着社会阅历的增加，他逐渐认识到自己知识方面的欠缺，慢慢产生了强烈的学习愿望。三年后辞职，进入某职业技术学校学习。从职业技术学校毕业以后开始创业，在镇上开了一家电子产品维修公司，生意也很不错。

上述案例都是靠经验型人力资本实现自我职业提升的成功案例，但是现实中还有很多在职业流动过程中遭遇"天花板"限制的反面例证。

反证案例一：低学历打工者遇到升职"天花板"。

郭某，20世纪70年代中期出生，初中没毕业就南下打工。曾经换过很多工作，后来在一家有名的电子企业从事喷漆工作。由于他吃苦耐劳，经验丰富，逐渐由普通工人升为技术骨干、生产线主管再到技术质量监督员。但是，他的职业升迁之路似乎就此停止了。因为根据企业规定，更高的工作岗位要求有技术系列的职称和相应学历，"只有大学生才能（才有资格）干"。如果郭某这时候选择离职，转入其他企业，那么他在原有企业的工作经历和工龄积累就会全部消失，在新的企业他的工资和岗位又得从新员工开始。这对于已经升为基层管理者的他来说，显然是不划算的。学历最终成为郭某职业升迁过程中的"天花板"。

反证案例二：邻里兄弟间的职业流动路径差异。

李某和杜某，都是"80后"，两个人同村同岁，从小一起长大。高中毕业后，都南下打工。5年前，李某的叔叔从日本回来，创办了一家贸易公司，邀请李某去做助手。由于工作需要，李某得到了叔叔的资助，到日本进修了2年。如今，李某无论是语言能力还是业务能力都有了显著提高，已经成为这家公司的业务骨干。而杜某，依然奔波于各地，转换于不同工作之间。调查中，他问调查人员：我现在想去上学，还来得及吗？什么专业好（就业）？或者能否推荐一些有用的书？

思考：经验型人力资本在职业流动过程中的局限。

调查中遇到的正反5个案例，体现出一些明显的特征。①经验型人力资本在较低层次的就业与创业过程中起着明显的推动作用。20 世纪 80 年代初的老一代农村青年（"50 后""60 后"），多从事体力劳动，对知识技能要求不高，其职业流动基本依赖经验型人力资本。② 经验型人力资本在高层次的职业流动中存在一定局限性。"80 后"农村青年更愿意到电子维修、保险金融等服务行业就业，这些领域对员工的学历水平和受教育程度有一定要求，尤其是中高层管理人员，正如反证案例一里郭某遇到的苦恼一样。因此，经验型人力资本在职业上升过程中可能会遇到一定障碍，显示出一定的局限性。③教育培训机会对知识型人力资本的获得至关重要。像前面案例中的李某一样，如果没有他叔叔的资助，一个农村高中毕业生根本没有机会坐进高校的课堂里，更不用说出国留学了。但正是这样的机遇，使李某彻底摆脱了原来不名一文、朝不保夕的打工生活，而成为一名与外商打交道的专业人士。从这个案例可以看出，教育和专业培训对西部农村青年职业流动具有明显的、积极的推动作用。

二　知识型人力资本差异下的代际职业流动

改革开放之前，农村青年向非农产业的职业流动渠道很窄，主要是当兵、推荐上大学和招工，但是这种机遇对大部分农村青年来说可遇不可求。20 世纪 80 年代前后，普通农村青年进城的大门被打开，他们或者上大学，或者打工，陆陆续续地离开农村进入了城市。然而，由于路径不同，他们的人生也开始发生了分流。通过高考，农村青年的身份得到了彻底改变，他们的户籍由农业户口转为非农业户口，毕业后进入了有财政保障的机关、事业和企业部门。用村里老人的话说，就是他们开始"吃皇粮"了。同期进城打工的人，大多在建筑、餐饮领域就业，劳动保障低，工作稳定性差。这种差别在 20 世纪八九十年代的农村很常见。青年时代的教育差别，经过几十年的沉淀，很可能在下一代身上被放大，形成代际差异。值得思考的是，有些情况下，这种差异就发生在同一个家庭的兄弟姐妹之间。

典型案例：李姓家庭两代人的职业流动轨迹。

李姓家庭有兄妹 3 人，大哥、二哥相差不到三岁，是 1960 年前后出生的；妹妹，60 年代中期出生。70—80 年代，李姓家庭祖孙三代同住，再加上没成年的姑姑、叔叔等人，多达十几口，在全村都是数一数二的大家庭。由于家大人多，李家的经济一直比较困难。为了减轻家里的负担，能在生产队多挣工分，大哥高中没毕业就辍学回家，忙时在家务农，闲时进城打工。二哥、妹妹先后考上大学，毕业后二哥在国有大企业工作，妹妹在国有省会城市医院工作。二哥后来自学日语留学日本，回国后开了一家自己的贸易公司，专门做对日出口贸易。

大哥的子女在村里上完小学、中学后，进城打工。后来，二哥资助大哥的孩子（就是前面"反证案例二"里的李某）到日本留学，回来后在他的公司上班。二哥、妹妹的孩子在省会城市上学，都考入国内的"211"大学，毕业后都选择出国留学。现在二哥的孩子留在日本工作，妹妹的孩子留学回国后进入了一家中日合资企业。

思考：知识型人力资本在职业流动机会获得中具有决定性作用。

上面李家两代人的教育分流和职业流动案例，在我国整个农村有一定的代表性。改革开放初期，无论是国家还是家庭，经济条件都比较困难，教育投资能力有限，老一代农村青年（"50后""60后"）对教育和职业的选择有一定的无奈。但是，父辈们的教育差异直接影响着子辈们对优质教育资源的获得机会，而且在劳动力市场竞争日趋激烈、对劳动者素质要求普遍的今天，教育的差异将会直接导致职业选择和职业流动机会的差异。通俗地讲，"优质教育资源—更好的教育机会—更好的职业获得机会—更多的职业上升机会"，教育领域的马太效应会逐渐延伸到职业流动过程中，知识型人力资本将在今后的职业流动中起到越来越重要的推动作用。

第七节　结论及思考

一　西部农村青年的职业经验很难积累成人力资本

由于受教育程度低，西部农村青年的就业层次也低，工作稳定性差，经常变换工作。从职业轨迹看，后一个工作与前一个工作之间关联性很小，工作经验很难积累，"干中学"的人力资本形成方式难以付诸实践。

二　西部农村青年普遍缺乏培训机会

自从离开中学校门，绝大多数农村青年的人力资本水平就已经基本"定型"，很少有再学习或接受职业培训的机会。人力资本方面的"先天不足"，再加上工作经验积累机会的缺失，西部农村青年在就业过程中，很难与青年大学生竞争，常常处于劣势地位，不仅长期滞留于次级劳动力市场，而且时常面临失业的威胁。

三　西部农村青年的职业上升普遍受到人力资本水平的约束

知识型人力资本是职业获得和上升的主要推动力。有关调查和实证研究表明，西部农村青年的职业流动多为水平流动，普遍缺乏职业上升的机会。老一代青年（农民工）几十年的打工经历和收入水平可以证实这一结论。如今60岁以上的、没有技术的农民工，依然干着原来的工作（因年龄原因，大多仍在乡里干零工），拿着最低的劳动收入。从年轻到年老，他们的职业层次和收入水平，几乎没有多少改变。

四　教育分流与职业分层之间存在着明显的联系

在职业流动过程中，从表面上看，似乎是人力资本约束着个人的职业和地位的提升。但是，通过进一步的研究发现，实际上，农村青年的职业轨迹早在学生时期就基本确定了。从小学到初中，从初中到高中，每一次的升学考试，就是一次教育分流的过程。能获得优质的教育资源，考上大学尤其是重点大学的概率就高。在基础教育与专业教育的分水岭前，参加高考的农村青年分为两部分——高考优胜者和高考落榜者。高考优胜者，进入大学继续接受专业教育，将来在主要劳动力市场就业；而高考落榜者，直接进入劳动力市场，成为新一代农民工。而且，从几年来农村青年在各类大学所占的比例来看，大部分农村青年进入了地方普通院校和高职高专学校。可以推测，这些进入高职高专院校的学生和直接进入劳动力市场的西部农村青年，其职业轨迹可能比较平缓，很难有提升的空间。

因此，提高基础教育机会分配的质量，是增加西部农村青年职业流动能力和上升概率的根本途径。

第五章 政策建议

　　研究发现，自改革开放以来，西部农村青年的教育机会供给总量扩大，但优质教育资源的获得机会下降。尽管随着经济的发展和国家的一系列政策支持，西部地区生均教育经费投入水平有了很大提高，但与经济发达的中东部地区相比，西部地区教育基础设施仍较落后，特别是西部农村师资等软件薄弱。人力资本水平低，直接制约着西部农村青年的职业流动。

　　西部农村青年最终能否获得理想工作岗位和较高劳动收入，与其在求学早期能否获得优质教育资源，进而有效进行人力资本投资，增加人力资本存量，获得职业上行流动的通行证有关。同样，西部地区的劳动者是否具备较高的文化素质与人力资本水平，能否有效率地创造社会价值和推动西部地区社会经济发展，也与政府能否为当地民众提供公平的教育机会和良好的受教育条件，最终能否使其获取更多的人力资本，成为有思想、有文化、有素质的劳动者有关。

　　东中西部人均人力资本差异的存在，以及西部城乡人力资本的不平衡，根本原因在于基础教育和高等教育机会的不平等及农村劳动力培训不足。无论是义务教育还是高中教育，西部农村学校的教学设施，尤其是师资力量，在数量和质量上都普遍不如城市学校。正是由于西部基础教育水平低下，导致西部地区农村学生获得高等教育的入学机会匮乏，特别是进入全国重点高校的比例偏低。此外，西部农村地区职业教育与成人教育资源匮乏，办学效益低下，且与农民工的就业需求相脱节。

　　因此，促进西部农村青少年获得各种教育机会，提升其人力资本水平，增加其就业能力和职业流动能力，是我国政府目前必须要完成的一项重要任务。为此，必须围绕我国宏观经济制度和教育制度的改革与创新，加大面向西部农村的教育投资倾斜政策，均衡城乡基础教育资源；加大开展西部人才培养和扶持计划的力度，增加西部农村青年获得优质高等教育资源的机会；建立多渠道的职业教育培训体系，提高西部农村青年的专业技能；改革劳动用工制度，建立城乡统一的劳动力市场，以增加西部农村青年的职业流动机会和劳动报酬。

第一节　加大面向西部农村的教育投资倾斜政策，均衡城乡基础教育资源

一　继续保持对西部农村地区教育经费的投入增速

近年来，各级政府对于西部农村地区的教育经费投入不断增加，西部地区城乡教育经费投入差距不断缩小。但是，由于西部农村地区教育资源基础差，底子薄，还需要继续保持教育经费投入增速，以缩小与城市及发达地区的差距。所以，在不断提升西部农村各级教育机构的硬件设施、建设美丽校园的基础上，关注西部农村尤其是偏远地区中小学硬件设施中的图书馆建设和多媒体设备的应用普及是当前西部地区教育投入的重点。在国家"撤点并校"的背景下，应优先加强学生规模较大和硬件薄弱学校的建设，提高资金利用效率。

二　加强西部农村中小学教师的互换交流力度

西部农村及县镇中小学师资力量薄弱，教师年龄结构、职称结构、学历结构不合理现象严重，特别是英语教学和计算机教学水平大大落后于城市地区，导致农村地区青少年高等教育入学率和中考升学率都受到影响。采取各种措施，提升农村地区中小学的管理水平，提高教师素质，调整师资结构，使其趋近合理化，是目前急需解决的一个重要问题。

借鉴城市地区中小学校长或高水平教师轮岗经验，促进教师在区域内和校际之间合理有序流动，鼓励教师由超编、超岗学校向空编、空岗学校，由热点学校向非热点学校，由城镇学校向农村学校流动，进一步

缩小校际师资力量差距，将重点学校的管理经验和教学理念传递给非重点学校，全面提升西部农村地区义务教育和高中教育的质量和水平。

三　加大开展西部人才交流和培养计划的力度

按照党的十八大关于优先推进西部大开发，加大对革命老区、民族地区、边疆地区、贫困地区扶持力度的要求，加大对西部地区人才队伍建设的支持力度。西部农村地区应借助高等教育专项培养计划，选派有培养前途的年轻教师去高等院校进修学习，拓宽视野，提升文化素养和教学水平；采取优惠政策，吸引发达地区大学毕业生到西部地区从事教育工作，改善教师学历结构和学缘结构，提高教师总体水平；采取"请进来、走出去"措施，由发达地区选派优秀教师、相关专业硕博研究生等各级教育方面的专家和专业人才来西部边远地区和落后地区提供相应教育指导和教育服务，同时从西部高等院校和各级教育机构选派访问学者和有培养前途的优秀教师赴发达地区重点院校、科研院所进修深造，大力培养本地科研和教育人才。其中，专家学者和硕博服务团人员选派应坚持"按需选派、人岗相宜、突出服务、兼顾锻炼"原则，不断增强选派工作的针对性，以解决西部地区经济社会发展急需的各类教育人才，特别是要向四川、西藏、新疆、贵州等教育落后地区倾斜①。

第二节　进一步改革高考招生制度，增加西部农村青年的教育机会获得

一　加大高考招生政策向西部农村贫困学生的倾斜力度

国务院《关于深化考试招生制度改革的实施意见》出台后，我国政府积极推进招生计划管理改革，采取各项措施提高重点高等院校西部农村学生所占比例。

首先，应继续完善国家招生计划编制办法，招生计划增量要向西

---

① 罗旭：《国家对西部人才培养扶持力度加大》，《光明日报》2014 年 2 月 22 日。

部农村倾斜。在编制国家计划时，综合考虑生源的数量、质量及学校办学条件、毕业生质量等因素，向西部人口多、高教资源少的地区倾斜，并督促高校严格执行国家招生计划。

其次，积极实施"面向西部及农村贫困地区定向招生专项计划"和"农村学生单独招生专项计划""地方重点高校招收农村学生专项计划"，东部发达地区高校应安排专门招生名额，面向西部地区招生。具体实施时，采取单报志愿、单设批次、单独划线录取等特殊政策。同时政府部门要注意加强监管，确保招生专项计划落实到承担任务的高校，落实到贫困地区，最终实现我国西部农村和贫困地区学子进入重点高校入学比率提高的目标[1]，促进教育公平目标的实现。

最后，支持和鼓励一些重点高校自行实施"自强计划""圆梦计划"等措施，提高农村贫困地区学生所占比例。

二　重视西部农村地区定向师范生的培养

师范教育是基础教育发展的基础，师范教育的质量和数量代表着基础教育的后续实力。鉴于西部农村较艰苦的生活环境，壮大农村基础教育的可行之路是培养农村户籍的师范生，因为只有土生土长的农村学生，毕业后才有可能留在乡村、扎根乡村。因此，借鉴高等教育的"面向西部及农村贫困地区定向招生专项计划"，师范院校在继续实施免费师范生计划的同时，面向西部农村地区定向招生师范生。在师范生培养中，注意培养对象的需求，因材施教，真正达到为提高西部地区中小学师资水平提供人才支持的目的。

三　增加西部农村贫困学生的资助力度

目前，国家已经建立了一套较全面的助学制度，"奖、贷、助、减、补"的政策措施基本做到了对高校贫困生的全覆盖。但是这种着眼于学生学费方面的助学措施仍不能满足个别特困学生求学阶段的生活需要。西部农村是贫困人口聚集的地区，西部贫困学生求学阶段的困难应该得到关注。相关部门应制定措施，增加对西部农村贫困生的资助力度，使西部农村青年在成才之路上尽可能减少经济因素的困扰。

---

① 陈鹏：《力促高等教育入学机会公平》，《光明日报》2014 年 9 月 27 日。

第三节　建立多层次的职业教育体系，提高西部农村青年的专业素质

1986 年推出《义务教育法》后，农村全面推行的免费义务教育对新一代劳动者的文化素质提高有明显的促进作用。但是，当劳动者文化素质和专业技能越来越成为职业流动和收入提升的基本通行证时，基础教育显然不能满足劳动者对专业知识的需求。尽管近年来农村青年的职业技术教育问题受到各级政府的重视，培训经费、培训渠道有所增加，但是，如何有效率地使用培训资金，丰富培训渠道则是我们更加需要关注的问题。

在"政府主导、多方筹集"的投入机制下，从满足市场需求和尊重农民意愿出发，建立"订单培训、企业参与"的培训机制，走"先培训后输出、以培训促输出"的路子是一项不错的选择。同时，积极创新农村劳动力的培训方式，比如发放"培训券"方式，就是农村劳动力培训方式的一项创新。这种做法最明显的好处是，政府不需用有限的资金去建培训机构、招教师、购设备，而是直接补贴给受培训者，让受培训者自己去选择培训机构。这种方式有利于培训机构间展开竞争，让市场对培训机构进行优胜劣汰。

近年来，各地政府实施"阳光工程"，培训了大量农村外出打工的劳动力，使他们学到了某些劳动技能。但是，农村劳动力较低的人力资本水平与当前劳动力市场正由单纯的体力型向专业型、技术技能型转变的要求还严重不适应。因此，除了要大力发展农村职业教育和成人教育以外，还要建立城乡一体的劳动力职业技能培训网络和服务体系，形成以需定培、以培供需、培训促进就业的长效机制。

第四节　消除劳动力流动的制度性壁垒，建立城乡一体化劳动力市场

改革开放后，我国的劳动力市场得到了不断的发展和完善，但是

也存在着不同程度的劳动力市场分割现象，导致不同职业、行业和企业在工资和工作条件、培训、晋升等方面的机会不平等。形成劳动力市场分割的原因主要有四个：一是以户籍制度为核心的一系列歧视性正式制度安排；二是城市居民源于文化的歧视和源于经济竞争所产生的非正式制度歧视；三是农民自身劳动技能低下所导致的对现代生产的不适应；四是劳动力市场的公共服务平台不完善。

一　取消城乡分割的户籍管理制度

户籍管理制度是造成城乡劳动力市场分割的一项基本制度。改革户籍管理制度，取消农业户口、非农业户口及其派生的各种户口类别，实行以按居住地登记为基本形式的城乡统一的新型户籍制度是我国户籍制度改革的目标。该制度以身份证管理为核心，能准确反映公民的居住和职业状况。

目前，我国户籍制度改革已经取得阶段性成果。随着《中共中央关于推进农村改革发展若干重大问题的决定》的颁布，我国各省市逐渐放宽了中小城市落户条件。2013 年，公安部等 13 个部门出台《关于加快推进户籍制度改革的意见》，基本形成以合法稳定住所和职业为户口迁移基本条件、以经常居住地登记户口为基本形式的户籍制度。2014 年，国务院发布《关于进一步推进户籍制度改革的意见》，标志着户籍制度深化改革进入到全面实施阶段。

与此同时，我们还要看到，户籍制度改革的任务是艰巨而繁重的，距离居民自由迁移目标还有不小的差距，还需对其进行实质性改革，拆除城乡壁垒，最终才能建立城乡一体的居民登记和管理制度，进而彻底消除由于户籍引发的劳动力市场歧视现象，实现城乡居民平等就业。

二　改革二元就业制度，建立统一开放公平竞争的就业格局

2004 年中央 1 号文件指出，进城就业的农民工已经成为产业工人的重要组成部分，为城市创造了财富，提供了税收。因此在取消城乡分割的户籍制度基础上，进一步改革劳动用工制度，是增加西部农村青年职业流动机会和提高其收入水平的一项重要举措。

首先，取消针对农村劳动力进城就业的各种准入限制，实行一视

同仁、平等竞争的就业政策。地方政府在统筹城乡建设时，要将城乡就业纳入统一的就业范畴，大力促进城乡劳动力资源的合理配置、开发和利用。

其次，进一步清理和取消针对农民工进城就业的歧视性规定和不合理收费，简化农民工跨地区就业和进城务工的各种手续，防止变换手法向进城就业的农民工及用工单位乱收费。要求城市政府切实把进城农民工的职业培训、子女教育、劳动保障以及其他服务和管理经费，纳入正常的财政预算。要健全有关法规法律，依法保障进城农民工的各项权益，探索建立农民进城务工的援助制度，帮助农村富余劳动力到城市就业。这些政策规定实质是文化大革命传统的就业制度，公正地对待进城务工的农民，体现了以人为本的新的发展理念。通过以上的各项文化大革命和工作展开，逐步建立城乡劳动力自由流动、自主择业、平等就业的新型就业制度。

最后，整治恶意拖欠、克扣农民工工资的行为，保障农村劳动力的合法权益。对于恶意拖欠工资者，在与用人单位协商解决失败，劳动争议处理部门调节仲裁无果的情况下，鼓励农民工向人民法院提起诉讼，法院可根据恶意欠薪行为危害结果的不同，对其判处有期徒刑、拘役或管制，并处或单处罚金。

第五节　加强公共服务平台建设，为西部农村青年职业流动提供条件

一　加强职业中介机构的管理

政府部门应加强对营利性职业中介服务机构的规范管理，中介机构除了负责向用人单位举荐人才、沟通人才供求信息，进行项目咨询外，还应在人才研究、人才评价、人才开发和人才培训等工作方面发挥作用，从而为求职者提供高质量服务，保障求职者合法权益。

除了营利性职业介绍机构外，非营利性政府职业中介机构也是中介机构的重要组成部分，它除了在劳动介绍和人才咨询、职业培训、

就业促进等方面发挥作用外，还应在平衡人才市场、提供就业指导、政策咨询、监督管理方面有所作为，政府部门职业中介机构工作人员的工资与福利全部由政府承担。此外，还应该鼓励公益性的民间职业介绍机构加快发展，使其能为就业困难者提供免费职业介绍、职业咨询和职业培训，解决就业困难群体的就业和培训问题。

二　完善覆盖城乡就业统计体系与就业信息网络

建议由政府就业机构服务人员将农民工就业管理与服务的基础信息，包括劳动力市场的供求状况、就业与失业状况全部纳入数据库和网络，实行城乡一体化管理。建立完善的农村劳动力就业信息网络平台，及时发布招聘求职信息，促进供求双方的沟通，使求职者能及时了解用人单位的性质、岗位及对人员的要求；用人单位及时了解求职者的基本资料，促进劳动者就业。

第六节　构建城乡统一、相互衔接的基本社会保障体系

社会保障是劳动力流动的安全网，完善的社会保障制度能解除劳动力流动的后顾之忧，增强社会流动的活力。21 世纪以来，我国初步建立了适应市场经济要求的农村社会保障体系，但目前社我国会保障体系严重分隔，城乡之间存在较大差异，且城乡之间以及区域之间不统一、衔接接续困难。从促进社会公平和加速社会流动的角度出发，统筹城乡社会保障制度的建设，实际就是要把农村和城市社会保障作为一个统一整体加以考虑，逐步建立覆盖整个社会的福利保障制度，使得城乡居民能够享受到平等的社会保障，同时要适应发展商品经济的要求，推动城乡社会保障的衔接接续。

首先，不断完善西部城乡最低生活保障体系，积极实施就业援助，逐步提高低保享受标准。随着我国经济的较快发展，我国西部已经初步具备在农村实行最低生活保障的条件。可以将西部农村扶贫的部分财政投入转为建立农村最低生活保障资金来源。此外，还可以采

取中央及省市财政对西部贫困地区农村低保资金给予适当补助的筹集资金方式。要因地制宜、科学合理地确定农村最低生活保障标准，既能保障西部农村贫困人口的最低生活，又能防止标准过高而形成用财政经费养懒汉的问题出现。

其次，积极扩大城乡各类企业职工参加社会基本养老保险的覆盖面，逐步推行医疗保险、失业保险、工伤保险和生育保险，基本实现应保尽保，尽快将所有在城市工作的农村劳动力纳入保障范围，让进城务工农民获得与城市居民一样的社会保障权益，这是进城农民工融入城市的重要标志，也是统筹城乡发展和城乡一体化的必然要求。

最后，要推动城乡社会保障体系接续。要不断提高统筹水平，推进各种社会保障异地缴费、异地报账，使流动人口便捷享受各种社会保障。尽快推进社会保障的异地接续，提高流动人口的社会保障水平。

参考文献

[1] 孙立平:《我们在开始面对一个断裂的社会?》,《战略与管理》2002 年第 2 期。

[2] Z. Deng and D. J. Treiman, "The Impact of the Cultural Revolution on Trends in Educational Attainment in the People's Republic of China", *American Journal of Sociology*, 1997, (2): 391 – 428.

[3] 张晓慧:《求职中的虚假招聘现象》,《社会》2002 年第 6 期。

[4] Wu, Xiaogang and Yu Xie, "Does the Market Pay Off? Earnings Inequality and Returns to Education in Urban China", *American Sociological Review*, 2003, 68: 425 – 442.

[5] 刘林平、万向东、张永宏:《制度短缺与劳工短缺——"民工荒"问题研究》,《中国工业经济》2006 年第 8 期。

[6] 唐美玲:《青年白领的职业获得与职业流动——男性与女性的比较分析》,《青年研究》2007 年第 12 期。

[7] 邢春冰:《农民工与城镇职工的收入差距》,《管理世界》2008 年第 5 期。

[8] 白南生、李靖:《农民工就业流动性研究》,《管理世界》2008 第 7 期。

[9] 李长安:《农民工职业流动歧视及对收入影响的实证分析》,《人口与经济》2010 年第 6 期。

[10] 刘士杰:《人力资本、职业搜寻渠道、职业流动对农民工工资的影响—基于分位数回归和 OLS 回归的实证分析》,《人口学刊》2011 第 5 期。

[11] 吴愈晓:《劳动力市场分割、职业流动与城市劳动者经济地位

获得的二元路径模式》,《中国社会科学》2011 年第 1 期。

[12] 马瑞、仇焕广等:《农村进城就业人员的职业流动与收入变化》,《经济社会体制比较》2012 年第 6 期。

[13] 王春光:《中国职业流动中的社会不平等问题研究》,《中国人口科学》2003 年第 2 期。

[14] 黄建新:《农民职业流动:现状、问题与对策》,《重庆工学院学报》(社会科学版)2008 年第 22 期。

[15] 顾明远:《教育均衡发展是教育平等的问题,是人权问题》,《人民教育》2002 年第 4 期。

[16] 翁文艳:《西方教育公平理论述评》,《教育科学》2000 年第 2 期。

[17] Friedman M. Choice, "Chance, and the Personal Distribution of Income", *Journal of Political Economy*, 1953, 61 (4): 277 – 290.

[18] 安东尼·吉登斯:《第三条道路:社会民主主义的复兴》,北京大学出版社 2000 年版。

[19] 刘崇顺、C. M. 布劳戴德:《城市教育机会分配的制约因素——武汉市五所中学初中毕业生的调查分析》,《社会学研究》1995 第 4 期。

[20] 郭剑雄、刘琦:《生育率下降与中国农村女孩教育的逆歧视性增长》,《思想战线》2013 第 4 期。

[21] 边燕杰、张文宏:《经济体制、社会网络与职业流动》,《中国社会科学》2001 年第 2 期。

[22] 张丽:《当代西方教育分层研究的发展——兼论转型社会教育分层研究框架》,《理论界》2011 年第 2 期。

[23] 丁小浩:《规模扩大与高等教育入学机会均等化》,《北京大学教育评论》2006 年第 2 期。

[24] 杨宝琰、万明钢:《城乡社会结构变动与高中教育机会分配——基于甘肃 Q 县初中毕业教育分流的分析》,《华东师范大学学报》(教育科学版)2013 年第 4 期。

[25] 高勇:《中国城市教育获得的不平等程度考察》,《学术研究》

2008 年第 4 期。

[26] 胡金木:《建国以来高等教育机会分配的演变轨迹分析》,《中国高教研究》2009 年第 12 期。

[27] W Hutmacher, D. Cochrane, N. Bottani, "In pursuit of equity in education: using international indicators to compare equity policies", *Sociologicky Casopis Czech Sociological Review*, 2003, 39 (100): 425 – 429.

[28] J. D. Sherman, B. Gregory, J. M. Poirier "School District Revenues for Elementary and Secondary Education: 1997 – 98. Statistical A- nalysis Report", *Economics of Education*, 2003, (2).

[29] 沈有禄:《教育机会分配的公平性问题研究综述》,《现代教育管理》2010 年第 10 期。

[30] 霍翠芳:《论教育机会的再分配——我国高考复读政策的公平悖论及其消解》,《当代教育科学》2011 年第 9 期。

[31] 西奥多·舒尔茨:《论人力资本投资》,北京经济学院出版社1990 年版。

[32] 李实、李文彬:《中国教育投资的个人收益率研究》,转引自赵人伟,基斯·格里芬主编《中国居民收入分配研究》,中国社会科学出版社 1994 年版。

[33] 诸建芳、王伯庆、恩斯特·使君多福:《中国人力资本投资的个人收益率研究》,《经济研究》1995 年第 12 期。

[34] 高梦涛:《高等教育投资回报率估算——基于西部三个城市的微观数据》,《统计研究》2007 年第 24 期。

[35] 赖德胜:《教育扩展与收入不平等》,《经济研究》1997 年第10 期。

[36] 闵维方:《论高等教育成本补偿政策的理论基础》,《北京大学学报》(哲学社会科学版) 1998 年第 2 期。

[37] 陈晓宇:《中国高等教育成本分担的理论与实践》,《中国教育学会教育经济学分会.2004 年中国教育经济学学术年会论文——北京大学论文集》,《中国教育学会教育经济学分会》,

2004 年第 16 期。

[38] 雅各布．明塞尔：《人力资本研究》，中国经济出版社 2001
年版。

[39] TW Schultz. "Capital Formation by Education", *Journal of Political Economy*, 1960, 68 (6): 571.

[40] TW Schultz. "Reflections on Investment in Man", *Journal of Political Economy*, 1962, 70 (5): 1 – 1.

[41] MS Ahluwalia. "Income Distribution and Development: Some Stylized Facts", *American Economic Review*, 1976, 66 (2): 128 – 35.

[42] A Marin , G Psacharopoulos . "Schooling and Income Distribution", R*eview of Economics and Statistics*, 1976 (58), No. 3, 332 – 338

[43] P. D. asgupta, P. Hammond, E. Maskin. "The Implementation of Social Choice Rules: Some General Results on Incentive Compatibility", *Review of Economic Studies*, 1979, 46 (2): 185 – 216.

[44] 张锦华：《关于中国教育平等的多维度思考》，《教育理论与实践》2007 年第 17 期。

[45] 白雪梅：《教育与收入不平等：中国的经验研究》，《管理世界》2004 年第 6 期。

[46] 焦斌龙：《人力资本对居民收入差距影响的存量效应》，《中国人口科学》2011 年第 5 期。

[47] I. B. Tucker Lii . "Evidence on the weak and the strong versions of the screening hypothesis in the United States", *Economics Letters*, 1986, 21 (86): 391 – 394.

[48] Cohn E. , Kiker B. F. , Oliveira M. M. D. , "Further evidence on the screening hypothesis", *Economics Letters*, 1987, 25 (3): 289 – 294.

[49] 康小明：《人力资本、社会资本与职业发展成就的实证研究——以北京大学经济管理类毕业生为例》，北京大学出版社 2009 年版。

[50] G. J. Duncan and S. D. Hoffman, "The Incidence and Wage Effects of Overeducation", *Economics of Education review*, 1981, 1 (1), 75 – 86.

［51］ G. S. Becker , N. Tomes, "An Equilibrium Theory of the Distribution of Income and Intergenerational Mobility", *Journal of Political Economy*, 1979, 87（6）: 1153 – 89.

［52］ A. V. Banerjee, A. F. Newman, "Risk – Bearing and the Theory of Income Distribution", *Review of Economic Studies*, 1991, 58（2）: 211 – 235.

［53］ M. Bertrand and J. Pan, "The Trouble with Boys: Social Influences and the Gender Gap in Disruptive Behavior", *American Economic Journal Applied Economics*, 2013, 5（1）: 32 – 64.

［54］ J. Guryan, Onathan, E. Hurst and M. Kearney. "Parental Education and Parental Time with Children" *Journal of Economic Perspectives* , 2008, 22（3）: 23 – 46.

［55］ 郭从斌、闵维方:《中国城镇居民教育与收入代际流动的关系研究》,《教育研究》2007 年第 5 期。

［56］ 王春光:《新生代农村流动人口的社会认同》（英文）,《中国社会科学》（英文版）2003 年第 4 期。

［57］ 特纳:《社会学理论的结构》,华夏出版社 2006 版。

［58］ 霍珀: 《个人主义时代之共同体重建》,浙江大学出版社 2010 版。

［59］ P. 布尔迪约、J. C. 帕斯隆:《再生产——一种教育系统理论的要点》,《社会观察》2003 年第 B07 期。

［60］ 周怡:《布劳 – 邓肯模型之后:改造抑或挑战》,《社会学研究》2009 年第 6 期。

［61］ 李煜:《制度变迁与教育不平等的产生机制——中国城市子女的教育获得（1966—2003》,《中国社会科学》2006 年第 4 期。

［62］ 周天勇:《论我国的人力资本与经济增长》,《青海社会科学》1994 年第 6 期。

［63］ 沈利生、朱运法:《人力资本与经济增长分析》,社会科学文献出版社 1999 版。

［64］ C. Dagum and D. J. Slottje, "A new method to estimate the level and distribution of household human capital with application", *Structural Change and Economic Dynamics*, 2000, 11 (2): 67 – 94.

[65] 侯风云:《中国人力资本投资与城乡就业相关性研究》,上海三联书店 2007 年版。

[66] 钱雪亚、刘杰:《中国人力资本水平实证研究》,《统计研究》 2004 年第 3 期。

[67] 钱雪亚、王秋实、刘辉:《中国人力资本水平再估算:1995— 2005》,《统计研究》2008 年第 12 期。

[68] 钱雪亚、李雪艳、赵吟佳:《人力资本投资的社会收益估算》, 《统计研究》2013 年第 6 期。

[69] 柏培文:《中国劳动力人力资本水平估算:1989—2007》,《教育与经济》2010 年第 2 期。

[70] D. W. Jorgenson, A. Pachon, "The Accumulation of Human and Non – human Capital, 1948 – 1984", *The Measurement of Savings*, *Investment and Wealth*, *NBER Studies In Income and Wealth*, *The University of Chicago Press*, 1989, 52: 227 – 282.

[71] C. B. Mulligan, X. Sala – I – Martin, "A Labor – income – based Measure of The Value of Human Capital: An Application to The States of The United States of the United States", *Japan & the World Economy*, 1997, 9 (2): 159 – 191.

[72] 朱平芳、徐大丰:《中国城市人力资本的估算》,《经济研究》 2007 年第 9 期。

[73] 李海峥、梁赟玲、Barbara Fraumeni、刘智强、王小军:《中国人力资本测度与指数构建》,《经济研究》2010 年第 8 期。

[74] 蔡昉、王德文:《比较优势差异、变化及其对地区差距的影响》,《中国社会科学》2002 年第 5 期。

[75] 王美艳:《中国城市劳动力市场上的性别工资差异》,《经济研究》2005 年第 12 期。

[76] 王金营:《我国人口转变地区差异及其与社会经济发展的相关分析》,《河北大学学报》(哲学社会科学版) 2001 年第 3 期。

［77］ 胡鞍钢：《从人口大国到人力资本大国：1980～2000 年》，《中国人口科学》2002 年第 5 期。

［78］ E. Soukiazis, M. Antunes, "Foreign trade, human capital and economic growth: An empirical approach for the European Union countries", *Journal of International Trade & Economic Development*, 2012, volume 21（1）: 3 – 24.

［79］ B. Fleisher, H. Li, M. Q. Zhao, "Human capital, economic growth, and regional inequality in China", *Journal of Development Economics*, 2010, 92（2）: 215 – 231.

［80］ 李海峥、贾娜、张晓蓓、Barbara Fraumeni：《中国人力资本的区域分布及发展动态》，《经济研究》2013 年第 7 期。

［81］ 王询、孟望生：《中国省级人力资本水平度量与分析——基于多元综合法》，《人口与经济》2014 年第 4 期。

［82］ 杜瑞军：《从高等教育入学机会的分配标准透视教育公平问题——对新中国 50 年普通高校招生政策的历史回顾》，《高等教育研究》2007 年第 4 期。

［83］ 陈晓宇：《谁更有机会进入好大学——我国不同质量高等教育机会分配的实证研究》，《高等教育研究》2012 年第 2 期。

［84］ 闫广芬、王红雨：《优质高等教育资源的获得及影响因素分析——从社会分层的视角出发》，《现代大学教育》2012 年第 1 期。

［85］ 杨俊、李雪松：《教育不平等、人力资本积累与经济增长：基于中国的实证研究》，《数量经济技术经济研究》2007 年第 2 期。

［86］ Andrés Rodríguez – Pose, Vassilis Tselios, "Returns to migration, education and externalities in the European Union", *Papers in Regional Science*, 2010, 89（2）: 411 – 434.

［87］ 张丽：《教育扩张、教育机会分配机制与教育不平等》，《湖北社会科学》2010 年第 12 期。

［88］ 江文涛：《农村义务教育投资的地区差异》，《财经科学》2006

年第 3 期。

[89] 戴文静、周金城：《基于基尼系数的高职教育生均经费地区配置公平性研究》，《中国高教研究》2012 年第 10 期。

[90] 孙慧玲、丁志同：《基于教育基尼系数的我国特殊教育经费投入公平性的实证研究》，《长春大学学报》2014 年第 1 期。

[91] 黄晨熹：《1964～2005 年我国人口受教育状况的变动——基于人口普查/抽查资料的分析》，《人口学刊》2011 年第 4 期。

[92] 张航空、姬飞霞：《中国教育公平实证研究：1982－2010——基于教育基尼系数拆解法的分析》，《教育科学》2013 年第 6 期。

[93] 孙百才、刘云鹏：《中国地区间与性别间的教育公平测度：2002－2012 年——基于人口受教育年限的基尼系数分析》，《清华大学教育研究》2014 年第 3 期。

[94] 孙百才：《测度中国改革开放 30 年来的教育平等——基于教育基尼系数的实证分析》，《教育研究》2009 年第 1 期。

[95] D. J. Treiman, "A Comment on Professor Lewis Coser's Presidential Address", *American Sociologist*, 1976.

[96] Grasmick and G. Harold, "The Occupational Prestige Structure: a Multidimensional Scaling Approach", *Sociological Quarterly*, 1976, 17 (1): 90 – 108.

[97] A. Inkeles and P. H. Rossi, "National Comparisons of Occupational Prestige", *American Journal of Sociology*, 1956, 61 (4): 329 – 339.

[98] CAHDL Jones, "Pigeon Point Formation of Late Cretaceous age, San Mateo County, California: GEOLOGICAL NOTES", *Aapg Bulletin*, 1959, 43 (12): 2855 – 2859.

[99] P. K. Hatt, "Stratification in the Mass Society", *American Sociological Review*, 1950, 15 (2): 216 – 222.

[100] 陆学艺：《当前社会阶层分析与探讨》，《民主》2005 年第 10 期。

[101] 李春玲：《流动与非流动劳动力的地位获得之比较》，《中国社

会科学院学报》2005 年 11 月 10 日。

[102] H. Guitton, L. Blumen, M. Kogan, P. J. Mccarthy, "The Industrial Mobility of Labor as a Probability Process ", *Cornell University*, 1955 , 8 (2)

[103] K. Burdett , "A Theory of Enployee Job Search and Quit Rates", *American Economic Review*, 1978 , 68 (1) : 212 – 220.

[104] B. Jovanovic, "Firm – specific Capital and Turnover", *Journal of Political Economy* , 2000 , 87 (6) : 1246 – 1260.

[105] P. Nelson, "Information and Consumer Behavior", *Journal of Political Economy*, 1970 , 78 (2) : 311 – 329

[106] K. Keith and A. Mcwilliams, "The Wage Effects of Cumulative Job Mobility", *Industrial and Labor Relations Review*, 1995 , 49 (1) : 121 – 137.

[107] Sylvia Fuller, "Job mobility and wage Trajectories for Men and Women in the United States ", *American Sociological Review*, 2008, 73 (1): 158 – 183.

[108] W. R. Johnson, "A Theory of Job Shopping", *Quarterly Journal of Economics*, 2001 , 92 (2) : 261 – 278.

[109] B. Jovanovic, "Job Matching and the Theory of Turnover", *Journal of Political Economy*, 1979 , 87 (5) : 972 – 990.

[110] H. S. Farber , "Job Loss in the United States1981 – 2001", *Research in Labor Economics?*, 2004 , 23 (850) : 431 – 446

[111] R. Gibbons and L. F. Katz, "Layoffs and Lemons ", *Journal of Labor Economics*, 1991 , 9 (4) : 351 – 380.

[112] T. V. Wachter and S. Bender, "In the Right Place at the Wrong Time: The Role of Firms and Luck in Young Workers Careers ", *American Economic Review*, 2004 , 96 (5) : 1679 – 1705.

[113] H. Farber, "What Do We Know Job Loss in the United Stated. Evidence from Displaced Workers Swvey, 1984 – 2004 ", *Economic Perspectives?*, 2005 , 29 (June) : 13 – 28

[114] T. V. Wachter and S. Bender, "Do Initial Conditions Persist Between Firms? An Analysis of Firm – Entry Cohort Effects and Job Losers using Matched Enployer – Enployee Data", *Iab Discussion Paper*?, 2008：135 – 162.

[115] K. Keith and A. Mcwilliamss, "The Returns to Mobility and Job Search by Gender", *Industrial and Labor Relations Review*, 1999, 52 (3)：460 – 477.

[116] L. S. Osberg, "Job Mobility, Wage Determination and Market Segmentation in the Presence of Sample Selection Bias", *Canadian Journal of Economics*?, 2001, 19 (1)：930 – 932

[117] 刑春冰：《换工作对收入水平和收入增长的影响》，《南方经济》2008 年第 11 期。

[118] 李若建：《1990—1995 年职业流动研究》，《管理世界》1999 年第 5 期。

[119] 黄晓波：《职业流动的性别差异及其成因探究——以广西为例》，《经济研究导刊》2010 年第 9 期。

[120] 廖根深：《当代青年职业流动周期的研究——兼论当代中国青年职业发展的三个阶段》，《中国青年研究》2010 年第 1 期。

[121] 刘金菊：《中国城市的职业流动：水平与差异》，《人口与发展》2011 年第 2 期。

[122] H. B. G. Ganzeboom, R. Luijkx, D. J. Treiman, "Intergenerational Class Mobility in Comparative Perspective", *Research in Social Stratification & Mobility*?, 1989, 8：3 – 79.

[123] 陈成文、许一波：《当前中国职业流动问题研究综述》，《南华大学学报》2005 年第 3 期。

[124] 刘金枚：《社会网络、人力资本与农民工的再次职业流动》，《华中科技大学》2006 年第 4 期。

[125] 李培林：《社会支持网络：从单位到社区的转化》，《中国社会报》2001 年 6 月 8 日。

[126] 文东茅：《家庭背景对我国高等教育机会及毕业生就业的影

响》，《北京大学教育评论》2005 年第 7 期。

[127] 陈江生、王彩绒：《家庭背景因素对我国大学毕业生就业影响的实证分析—基于 2009 年的调查数据》，《西北师大学报》（社会科学版）2011 年第 3 期。

[128] 王春光：《中国职业流动中的社会不平等问题研究》，《中国人口科学》2003 年第 2 期。

[129] 符平、唐有财、江立华：《农民工的职业分割与向上流动》，《中国人口科学》2012 年第 6 期。

[130] 温福英、黄建新：《城市化进程中的农民职业流动》，《河北北方学院学报》2009 年第 6 期。

[131] 项飙：《从"浙江村"到中关村》，《中国企业家》2000 年第 6 期。

[132] D. J. Solinger, "Citizenship Issues in China's Internal Migration: Comparisons with Germany and Japan", *Political Science Quarterly*?, 1999, 114 (3): 455 – 478.

[133] 李霓：《新生代农民工职业流动及经济规律探讨——对成都市金堂县竹篙镇新生代农民工实证分析》，《农村经济》2012 年第 4 期。

[134] 王竹林等：《农民工培训模式及动力机制探析》，《西安财经学院学报》2013 年第 3 期。

[135] R. H. Topel and M. P. Ward, "Job Mobility and the Careers of Young Men", *Quarterly Journal of Economics*?, 1992, 107 (2): 439 – 479.

[136] 陈婴婴：《职业结构与流动》，东方出版社 1995 年版。

[137] 李力行、周广肃：《代际传递、社会流动性及其变化趋势——来自收入、职业、教育、政治身份的多角度分析》，《浙江社会科学》2014 年第 5 期。

[138] 钟甫宁、徐志刚、栾敬东：《经济发达农村地区外来劳动力的性别差异研究》，《人口与经济》2001 年第 2 期。

[139] 田艳平：《农民工职业选择影响因素的代际差异》，《中国人

口・资源与环境》2013 年第 1 期。

[140] 周运清、王培刚：《农民工进城方式选择及职业流动特点研究》，《福建论坛・经济社会版》2002 年第 6 期。

[141] 殷晓清：《农民工就业模式对就业迁移的影响》，《人口研究》2001 年第 3 期。

后　记

　　《人力资本水平与西部农村青年的职业流动》一书，是在我主持的2010年教育部人文社科项目"教育机会分配、人力资本水平和西部农村青年的职业流动"（10YJA790230）研究报告的基础上修改而成的。

　　记得刚参加工作之时，一位老教师曾对我说："作为一个高校一线教师，教学是安身之本，科研是立命之器"。在20多年的教师生涯中，我一直将这句话谨记于心，在努力做一名"好老师"的同时，时刻想成为一名对社会有用的"学者"。基于农家子弟的生活经历，我始终对农村、农民、农业有着割舍不断的深厚情结。随着"三农问题"日益成为社会焦点和理论热点，我对农村青年就业问题的研究热情也日益高涨，但由于水平、能力和时间、精力等原因，一直是小打小闹，收效不大，直到2010年才出现了转机。

　　当时，我正在新加坡南洋理工大学做访问学者。孤身一人远离家乡，在忍受着孤独的同时，也享受着难得的清闲。无家务之累，也无具体的教学任务，学习、思考、锻炼、交友、郊游，日子过得充实而有活力。通过读书、听课和参加学术活动，与一些世界级的经济学大师进行有益的交流，使自己在知识储备、思路拓展和方法创新方面有了质的飞跃。同时，能够有效排除一切干扰潜心钻研，对准备申报的项目进行了"闭关式"的思考。在撰写项目申报书的那些日子里，从选题到构思，日夜苦思冥想，上班时间查资料，吃饭、下班路上也在梳理思路。"有心人，天不负"，我终于拿到了我的第一个教育部人文社科项目。

　　"立项难，结项更难"。项目研究正式开始的时候，我已经回到了国内。立项只是研究的开始，大量的调查、数据整理和挖掘、观点的凝练等工作都需要团队共同完成。为此，课题组借用了一间办公室，在这里完成了设计研究方案，组织实地调查、整理问卷、输入数据、分析数据、讨论写作大纲、撰写研究报咨等各项工作。2011 年暑假和寒假，课题组先后开展了两次实地调查，收集了大量的数据和实际案例，为项目研究奠定了可靠的现实基础。在项目研究过程中，大家一起工作，一起吃饭，一起讨论，慢慢地，思想越来越活跃，行为越来越默契，同事之间、师生之间的情谊也越来越深厚。大家围绕一个目标，相互协作，共同努力，遇到困难，大家一起想办法解决。有了这个亲密的团队，我们的心里是踏实的，也是充实的，没有孤立无援的感觉，这是以前"小打小闹""单打独斗"所感受不到的。

2015 年项目研究报告撰写进入最后阶段时，我亲爱的姐姐突然得了白血病。因为我是家里的次女又在外工作，于是义无反顾地成了姐姐的"家属代表"，负责跟医生沟通协商各种治疗方案；同时安抚父母，宽慰外甥和外甥女。此时，一方面我作为项目负责人，需率领团队加紧完成项目研究报告；另一方面又作为家属代表，要抽空到医院与医生进行沟通。几乎每次去医院，躺在病床上的姐姐都会眼巴巴地望着我说："你什么时候才能忙完啊？以后别这么累了。"我嘴里总是"快了，快了"地敷衍着。等我正式提交了研究报告，姐姐已经处于弥留状态，时而清醒，时而昏迷。一个月后，亲爱的姐姐带着太多的不舍永远地离开了她的讲桌，离开了深爱着的家人，离开了带给她快乐与痛苦的世界。那一天，离她 52 岁生日只差 3 天。

然而，即使再忙碌，我也要跑完这场科研"马拉松"，以此慰藉我那饱受摧残的父母和告慰早逝的姐姐。

《人力资本水平与西部农村青年的职业流动》是一本写作艰难的书，不仅是因为知识结构和能力，更是因为时间的零碎。从立项到结项，从结项到书稿的修改和出版，历时整整 6 年，它的面世，比预想的时间晚了很多。它陪我经历了难得的海外生活、闲适恬淡的文人情趣，也见证了我在生活苦难面前的成长，更让我收获了珍贵的人间情意。

感谢西安财经学院的铁卫教授、王军生教授和王恩胡教授，他们在本书的写作和出版过程中，给予了我们课题组大量的支持和帮助；感谢高全成教授、康国伟副教授、张爱婷教授和朱钰教授，在研究报告写作和修改过程中，提出了宝贵的意见和建议；感谢我的中学同学韩晓霞、任年顺和闫小娥同学，给我提供了大量的实际数据；感谢我的同事郑毅敏副教授，她的加盟给了我精神上、工作中莫大的鼓舞，在那些艰难的日子里，她理性坚毅的性格深深地感染着我，激励着我；感谢研究生毕蕾、孟雪丽、乔伟、宋会芳和张在霞同学，他们富有朝气的身影、活跃的思维、熟练的数据处理能力和超强的信息搜索能力给了我信心。我要告诉我的团队，一起并肩作战的日子，是充实而快乐的日子，此生难忘。愿同事之谊、师生之谊长存。

殷红霞

2017 年 10 月